CPDRC 中国人口与发展研究中心智库报告

中国健康扶贫研究报告

中国人口与发展研究中心 / 编著　贺　丹 / 主编

人民出版社

序

脱贫攻坚是党的十九大确定的对全面建成小康社会最具决定性意义的三大攻坚战之一，健康扶贫是打赢脱贫攻坚战的关键举措。以习近平同志为核心的党中央对健康扶贫工作重视程度之高、决策部署之密集、行动举措之迅速，充分体现了坚决打赢脱贫攻坚战的决心和信心，充分彰显了责任担当和为民情怀，为我们树立了榜样。

2016年以来，国家卫生健康委会同国务院扶贫办、国家医保局等部门，落实精准扶贫、精准脱贫基本方略，精准施策，统筹推进；各地扎实工作，推动政策落地生效，健康扶贫取得了重大阶段性进展。总的来看，全国已有571万因病致贫返贫户实现脱贫，与全国建档立卡贫困户的整体脱贫进度基本同步。这些成绩的取得，得益于党中央、国务院的坚强领导和科学决策，得益于国务院扶贫办、国家发展改革委、财政部、医疗保障局等部门的大力支持和协同发力，得益于各地党委、政府的高度重视和强力推进，得益于广大基层干部群众、卫生健康工作者的扎实工作和辛勤付出。

同时，我们也应当清醒地看到，健康扶贫工作还存在不少问题和困难：一些地方健康扶贫政策机制还不稳固，落实还存在"最后一公里"问题；贫困地区医疗卫生服务能力还比较薄弱，不同医疗保障制度间的衔接亟须加强；一些地方存在过度加码和执行不到位并存的现象等，这些都需要我们在未来的工作中认真研究解决。在国家卫生健康委扶贫办的指导下，中国人口与发展研究中心组织撰写了《中国健康扶贫研究报告》，全面总结了近年来健康扶贫的进展情况，深入分析了形势任务和存在的问题困难，研究提出了有关意见和建议。

　　全面建成小康社会进入决胜时期，决不让农村贫困群众因健康问题掉队是中央对卫生健康部门的要求。我们要以更大的决心和力度来推进健康扶贫，未来三年，健康扶贫任务艰巨，使命光荣。让我们紧密团结在以习近平同志为核心的党中央周围，深入贯彻落实习近平新时代中国特色社会主义思想和党的十九大精神，攻坚克难，苦干实干，坚决打赢健康扶贫这场硬仗，为全面建成小康社会，实现中华民族伟大复兴的中国梦作出更大的贡献！

贺丹

2018 年 10 月

目 录

第一部分 总报告

第二部分　专题研究篇

第二章　贫困人口医疗保障制度建设及其完善

第三部分　实践案例篇

第一部分　总报告

第一章 中国健康扶贫发展研究报告

健康是人的基本权利，是人幸福快乐的基础，是国家文明的标志，是社会和谐的象征。实现"两个一百年"奋斗目标，经济要发展，健康也要上去，人民的获得感、幸福感、安全感都离不开健康，要大力发展健康事业，要做身体健康的民族。实施健康扶贫工程，事关贫困人口的健康权益，事关脱贫攻坚事业的成败，事关健康中国的建设进程，事关如期实现全面建成小康社会的宏伟目标。本报告旨在阐述我国健康扶贫的时代背景和重要意义，健康扶贫工程的总体框架，总结当前健康扶贫的进展成效，分析面临的挑战，并提出对未来健康扶贫的发展建议。

一、健康扶贫的背景和重要意义

中华人民共和国成立初期，百废待兴，面对人口多，底子薄，贫困现象突出的巨大挑战，中国共产党带领人民群众积极探索摆脱贫困、走向富裕的道路，如何在世界上最大的发展中国家消除贫困成为经济社会发展的重要任务之一。通过发展重工业、土地改革、农业生产合作社等措施，人民生活水平发生了翻天覆地的变化，生产生活条件有了显著改善，但仍有大量人口处于贫困中，生活依旧困难。改革开放以来，我国走上了中国特色社会主义建设道路，实施了以解决贫困人口温饱问题为主要目标的有计划、有组织的大规模扶贫开发，特别是伴随着《国家八七扶贫攻坚计划（1994—2000 年)》《中国农村扶贫开发纲要（2001—2010 年)》《中国农村扶贫开发纲要（2011—

2020 年)》等顺利实施，贫困地区的社会和经济条件已经得到明显改善，贫困人口的收入和消费水平有了稳步提高，7 亿多农村贫困人口摆脱了贫困，贫困发生率降至 5% 以下，极大地缓解了贫困现象。

（一）健康扶贫的提出背景

消除贫困、改善民生、逐步实现共同富裕，是社会主义的本质要求，是我们党的重要使命。改革开放以来，我国先后走上了救济式扶贫、开发式扶贫的道路，到 21 世纪初，我国农村贫困人口的温饱问题已经基本解决。在随后的十余年时间里，我国继续把扶贫开发摆在国民经济和社会发展的重要位置，探索性地提出了专项扶贫、行业扶贫、社会扶贫、国际合作等综合扶贫方式，经过不懈努力，减贫成效显著。

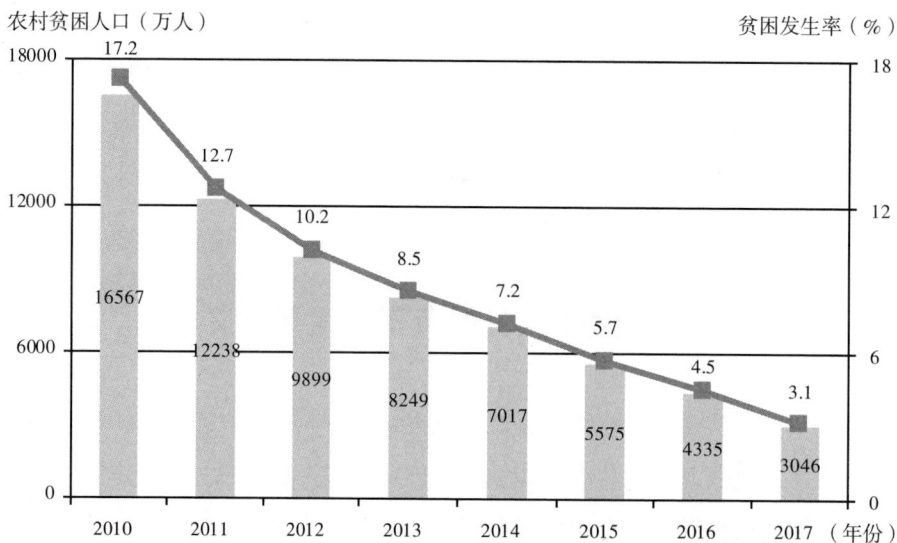

图 1—1　2010—2017 年中国农村贫困状况的变化

注：按照 2010 年标准；数据来源于《中国统计年鉴 2017》和 2017 年国民经济和社会发展统计公报。

当前尚未解决温饱的贫困人口虽然数量不多，但是解决的难度很大。截至 2015 年年底，我国还有 5575 万农村建档立卡贫困人口，主要分布在 832 个国家扶贫开发工作重点县、集中连片特困地区县（以下统称“贫困县”）

和12.8万个建档立卡贫困村，多数西部省份的贫困发生率仍在10%以上。现有贫困人口贫困程度更深、减贫成本更高、脱贫难度更大，依靠常规举措难以使贫困人口摆脱贫困状况。党的十八大以来，以习近平同志为核心的党中央把扶贫开发摆到治国理政的重要位置，把扶贫开发工作纳入"五位一体"总体布局和"四个全面"战略布局，作为实现第一个百年奋斗目标的重点工作，创新扶贫开发方式，由"大水漫灌"向"精准滴灌"转变，创造性地提出了精准扶贫精准脱贫方略，不断丰富和拓展中国特色扶贫开发道路。明确提出了到2020年现行标准下农村贫困人口实现脱贫，贫困县全部摘帽，解决区域性整体贫困。《中共中央　国务院关于打赢脱贫攻坚战的决定》《"十三五"脱贫攻坚规划》等重要文件架构起精准扶贫精准脱贫的顶层设计，提出"六个精准"（扶贫对象精准、项目安排精准、资金使用精准、措施到户精准、因村派人精准、脱贫成效精准）、"五个一批"（发展生产脱贫一批、易地搬迁脱贫一批、生态补偿脱贫一批、发展教育脱贫一批、社会保障兜底一批）的总体框架，指明了新时期扶贫开发的前进方向和路径措施。

从扶贫措施来讲，找准扶贫的有针对性地施策，方能实现脱贫。导致贫困的原因非常多，有千百年来历史形成的外部经济社会环境原因，如交通不便、语言不通、产业发展落后等，也有贫困人口自身的原因，如缺乏技术和资金、疾病等。疾病是农村贫困人口最为突出的致贫因素。全国建档立卡信息系统数据显示，截至2013年年底，我国农村贫困人口中，因病致贫返贫户1256万户，占贫困户总数的42.2%，而后2015年因病致贫返贫户占比提高至44.1%，涉及近2000万人[1]。健康不良的状态容易导致贫困，贫困又容易滋生疾病，贫困人口极易陷入"疾病—贫困—疾病"的恶性循环。保障贫困人口的健康权利，防止因病致贫、因病返贫，开展健康扶贫成为脱贫攻坚的重点领域。健康扶贫是国家精准扶贫精准脱贫方略的重要组成部分，是确保打赢脱贫攻坚战、实现全面建成小康社会目标的重要举措。

人民健康是广大人民群众的共同追求，也是全面建成小康社会的重要内

---

① 李培林、魏后凯编：《中国扶贫开发报告（2016）》，社会科学文献出版社2016年版。

容。一直以来，我国非常注重提高建设贫困地区的医疗卫生能力，提出将扶贫开发与卫生健康工作结合起来，改善贫困地区医疗卫生条件，做好疾病预防工作，提高新型农村合作医疗和医疗救助保障水平。2015 年 6 月以来，党中央、国务院高度重视健康扶贫工作，习近平总书记在扶贫考察、会议座谈等重要场合上反复强调健康扶贫，作出一系列重要指示和部署，为健康扶贫指明了前进方向。自健康扶贫提出以来，习近平总书记在不同重要场合，如 2015 年中央扶贫开发工作会议、2016 年全国卫生与健康大会和到贫困地区考察时，至少 10 次强调健康扶贫的重要性，提出要大力实施健康扶贫工程，加强医疗保险和医疗救助制度建设，新型农村合作医疗和大病保险政策要对贫困人口倾斜等。与此同时，一系列国家健康扶贫政策文件相继出台，明确了目标任务、具体行动和政策保障。如《中共中央　国务院关于打赢脱贫攻坚战的决定》（2015 年）、《关于实施健康扶贫工程的指导意见》（2016年）、《健康扶贫工作考核办法》（2016 年）、《健康扶贫工程"三个一批"行动计划》（2017 年）、《中共中央　国务院关于打赢脱贫攻坚战三年行动的指导意见》（2018 年）等等。经过几年的努力，健康扶贫顶层设计总体框架基本形成，总体思路和重点任务逐步明确，政策措施保障力度不断加强。

（二）实施健康扶贫的重要意义

1. 健康扶贫是习近平扶贫重要论述的重要组成部分

党的十八大以来，以习近平同志为核心的党中央高度重视扶贫开发工作，将脱贫攻坚摆在治国理政的突出位置，作为全面建成小康社会的底线任务纳入"五位一体"总体布局和"四个全面"战略布局。习近平总书记亲自谋划、亲自推动、亲自督战，系统阐述精准扶贫精准脱贫思想和基本方略，就脱贫攻坚全方位指明方向、作出部署、提出要求，形成了思想深邃、逻辑严密、内涵丰富的习近平扶贫思想，成为打赢脱贫攻坚战的科学指南和根本遵循。在阐述国家精准扶贫精准脱贫基本方略过程中，习近平总书记对健康扶贫也作出一系列重要论述，提出一系列新理念新思想新论断，这是推动健康扶贫不断深入的强大思想动力。习近平总书记有关健康扶贫工作的重要指示，既讲政策、原则（如加强医疗保险和医疗救助制度建设），又讲具体方法，如提出精准到户、精准到人、精准到病等。这些都是习近平扶贫重要论述的组成部分，是指导我们做好健康扶贫的根本遵循。

2. 健康扶贫是打赢脱贫攻坚战的关键战役

2015 年以来，党中央对脱贫攻坚作出全面部署，将实施健康扶贫工程列为打赢脱贫攻坚战的七大行动之一，要求着力保障农村贫困人口享有基本医疗卫生服务，努力防止因病致贫返贫。疾病是贫困人口脱贫最大的"拦路虎"，因病致贫、因病返贫家庭是脱贫攻坚战中的"硬骨头"。而且疾病是人类永远要面对的，这是无法改变的客观规律。习近平总书记指出，解决因病致贫、因病返贫是一个长期的过程，甚至不会随着 2020 年我国宣布消灭绝对贫困而消失。疾病给群众带来医疗费用负担的同时，也影响了正常的生产生活，有些重特大疾病甚至还会使劳动者劳动能力受限甚至完全丧失，是脱贫攻坚的难点。拥有健康是人们实现生活的基本需求，也是从事生产劳动、创造价值的条件和资本。因此，健康扶贫是脱贫攻坚的坚中之坚、难中之难，是保障贫困人口脱贫的长远措施。

3. 健康扶贫是推进健康中国建设的内在要求

进入新时代，党中央、国务院作出了"推进健康中国建设"的决策部署，将推进健康中国建设上升为国家战略，并召开全国卫生与健康大会进行全面部署。2018 年 3 月，国务院新一轮机构改革组建了国家卫生健康委，"健康"第一次出现在国家部委机构的名称中，并被摆在优先发展的战略地位，彰显国家推进健康中国建设的坚定决心和使命担当。《"健康中国 2030"规划纲要》提出，"共建共享、全民健康"是建设健康中国的战略主题。共建共享是建设健康中国的基本路径，全民健康是建设健康中国的根本目的，要求立足全人群和全生命周期两个着力点，提供公平可及、系统连续的健康服务。加快推进健康扶贫工程，就是要深化供给侧结构性改革，补齐贫困地区医疗卫生资源短板、服务能力短板和健康促进短板，让贫困人口在家门口就能享受到基本医疗卫生服务，养成健康的生活方式，减少疾病发生，共建共享健康中国。

4.健康扶贫是夯实乡村振兴健康基础的重要抓手

党的十九大作出了实施乡村振兴战略的重大决策部署，2017年中央农村工作会议进行了全面部署，要求做好脱贫攻坚与乡村振兴的有机衔接，明确提出当前贫困地区的乡村振兴主要任务还是脱贫攻坚。2018年1月，中共中央、国务院发布的《关于实施乡村振兴战略的意见》以及9月发布的《乡村振兴战略规划（2018—2022年)》均提出加快推进健康乡村建设。当前，我国农村卫生健康工作发展滞后，农村人口健康水平普遍不及城镇人口，这制约了乡村发展和农民群众生活水平的提升。全国农村地区5岁以下儿童死亡率为12.4‰，是城镇地区的2倍多（5.2‰）①。部分西部省份农村地区孕产妇死亡率是城镇地区的2倍。如，2016年宁夏农村地区孕产妇死亡率高达35.5/10万，而城镇地区为10.2/10万，青海、新疆、西藏等地也是同样的情况。② 实施健康扶贫工程就是聚焦农村贫困人口的健康问题，将更多资金、人才、政策向农村地区特别是贫困地区倾斜，维护贫困人口健康权益，为贫困地区乡村振兴筑牢健康基础，努力让贫困人口走上共同富裕。

二、健康扶贫的总体框架

秉持"扶持谁""谁来扶""怎么扶""如何退"的科学扶贫思路，遵循卫生健康工作规律，健康扶贫工程按照脱贫攻坚战"两不愁、三保障"的要求，聚焦贫困人口"基本医疗有保障"这一总体目标，落实健康中国和乡村振兴两大战略，通过"三个一批"行动计划，从四个方面着手，努力让贫困人口"看得起病、看得好病、看得上病、少生病"。

围绕贫困人口"基本医疗有保障"的总体目标，《关于实施健康扶贫工程的指导意见》提出了更加具体的分目标：到2020年，贫困地区人人享有

---

① 数据来源于2017年《中国卫生和计划生育统计年鉴》。
② 同上。

基本医疗卫生服务，农村贫困人口大病得到及时有效救治和保障，个人就医费用负担大幅减轻；贫困地区重大传染病和地方病得到有效控制，基本公共卫生指标接近全国平均水平，人均预期寿命进一步提高，孕产妇死亡率、婴儿死亡率、传染病发病率显著下降；连片特困地区县和国家扶贫开发工作重点县至少有一所医院（含中医院，下同）达到二级医疗机构服务水平，服务条件明显改善，服务能力和可及性显著提升；区域间医疗卫生资源配置和人民健康水平差距进一步缩小，因病致贫、因病返贫问题得到有效解决。

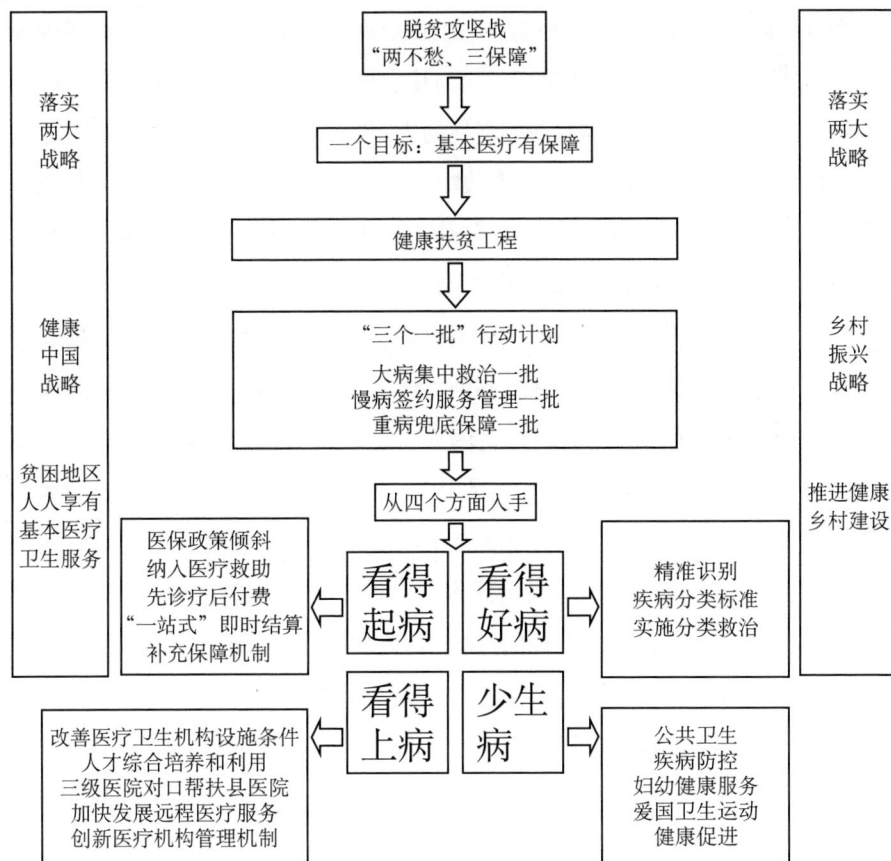

图1—2 健康扶贫1234总体框架图

（一）提高医疗保障水平，努力让农村贫困人口"看得起病"

"看病贵"是当前我国备受关注的民生问题之一。新型农村合作医疗制度建立以来，农村医疗保险从无到有，大大减轻了农民的医疗负担。但由于新农合保障水平还不高，昂贵的医疗费用仍然给民众带来了很大的经济负担，一场疾病很可能让一个家庭致贫。全国健康扶贫动态管理系统数据显示，2016年，我国农村贫困患者平均住院费用为8342元，人均自付3536元，自付比例达42.39%。健康扶贫的核心是要针对贫困人口因病致贫、因病返贫问题，完善以基本医疗保障制度为主体、其他为补充的多层次医疗保障体系，提高政策保障水平，切实减轻贫困人口就医负担，努力让农村贫困人口"看得起病"。为此，《中共中央　国务院关于打赢脱贫攻坚战的决定》（2015年）、《关于实施健康扶贫工程的指导意见》（2016年）、《中共中央　国务院关于打赢脱贫攻坚战三年行动的指导意见》（2018年）等文件均提出加强医疗保险和医疗救助，城乡居民基本医疗保险和大病保险政策要向贫困人口倾斜。具体来看：

一方面，充分利用现有医保制度对贫困人口实施倾斜照顾政策，提高报销水平，减轻费用负担：加大财政补助力度，逐步提高城乡居民基本医保筹资水平；通过城乡医疗救助对农村贫困人口参加基本医疗保险的个人缴费部分给予补助，确保城乡居民基本医保100%覆盖农村贫困人口；提高城乡居民基本医保政策范围内住院费用报销比例；城乡居民大病保险制度对农村贫困人口在起付线、报销比例和封顶线等方面给予重点倾斜；进一步提高重特大疾病医疗救助水平，充分发挥医疗救助对农村贫困人口医疗保障的托底作用。同时，实行"先诊疗后付费"和"一站式"即时结算，贫困患者入院不用交押金，只须在出院时支付自付医疗费用，减轻贫困人口就医时的垫资压力。另一方面，引导地方探索为贫困人口增加一道保障线，建立补充保障机制，实现贫困人口医疗兜底目标。

（二）实施疾病分类救治，努力让农村贫困人口"看得好病"

新时期，我国创造性地提出了精准扶贫精准脱贫的基本方略，其方法论就是要精准。精准扶贫就是要针对建档立卡贫困人口，在调查核实农村贫困人口患病情况的基础上，实行"靶向治疗"，实施有针对性的健康扶贫政策措施，做到精准到户、精准到人、精准到病。2017年4月，原国家卫生计生委等6个部委联合印发了《健康扶贫工程"三个一批"行动计划》，要求对患有大病和长期慢性病的贫困人口开展分类分批救治，精准推进实施健康扶贫工程，保障农村贫困人口享有基本医疗卫生服务，防止因病致贫、因病返贫。

一是确定大病、慢病、重病。依据疾病导致灾难性医疗支出、严重影响劳动能力和主要死亡因素等情况，结合中华医学会《大病临床路径（2015年版)》和国家卫生健康委员会历年来公布的1212个临床路径，确定了大病、慢病、重病等疾病分类标准。大病是指医疗费用负担很重且在较长一段时间内严重影响患者及其家庭正常工作和生活的疾病。慢病是指病程长且病情迁延不愈，影响劳动能力或生活质量，医药费用负担重的疾病。重病是指不能一次治愈、医疗费用持续发生且巨大的大病，往往导致完全丧失劳动能力、丧失经济来源。

二是实施分类救治策略。根据疾病分类标准，研究确定了"大病集中救治一批、慢病签约服务管理一批、重病兜底保障一批"（"三个一批"）的分类救治策略。按照群众反映集中、费用负担重、诊疗路径清晰、诊疗效果明确的原则，优先选择了儿童先天性心脏病、儿童白血病、食管癌、胃癌、结肠癌、直肠癌、终末期肾病等9种大病作为全国首批大病专项救治病种。2018年，又增加肺癌、肝癌、乳腺癌、宫颈癌等，全国大病专项救治病种扩大至21种。针对大病患者，采取"定临床路径，定定点医院，定单病种费用，定报销比例，加强责任落实，加强质量管理"的"四定两加强"措施进行集中救治。针对慢病患者，建立农村贫困人口健康卡，优先落实家庭医生签约服务，提供高血压、糖尿病等重点慢病的规范管理和健康服务。针对重病患者，落实政府兜底保障措施，开展相关医保、救助政策在定点医院通过同一窗口、统一信息平台完成"一站式"结算，加强人文关怀，确保贫困患者都能得到及时救助。

（三）提升贫困地区医疗卫生服务能力，努力让贫困人口"看得上病"

长期以来，我国高质量的医疗卫生服务资源大多分布在大中城市、大中型医疗机构，农村地区医疗机构整体业务能力和服务水平还偏低，利用效率不高。尤其是贫困地区医疗卫生基础设施条件差，卫生技术人才不足的现象尤其突出，难以保障贫困人口的健康权益。这就需要推进健康扶贫工作，加强医疗卫生服务体系和能力建设，提高贫困人口医疗卫生服务利用的可及性，满足贫困人口对健康的美好需求。

在改善医疗卫生机构设施条件方面，按照"填平补齐"原则，加快推进县、乡、村三级医疗卫生服务机构标准化建设，力争使每个贫困县达到"三个一"目标，即每县至少有1所县级公立医院，30万人口以上的县至少有1所医院达到二级甲等水平；每个乡镇建设1所标准化的乡镇卫生院，每个行政村有1个卫生室。

在人才综合培养和利用方面，一是加大对贫困地区人才培养项目的倾斜力度，支持增加实用人才的供给。推进全科专业住院医师规范化培训，加大农村订单定向本科医学生免费培养、助理全科医生培训、全科医生转岗培训力度，推进农村基层本地全科人才培养；支持各地结合实际需要免费培养农村高职（专科）医学生；推进全科医生特岗计划试点工作，到2020年，力争每个乡镇卫生院有1名全科医生。二是鼓励贫困地区实行特殊人才利用制度，增加基层岗位吸引力。农村高职（专科）毕业生经助理全科医生培训合格后，重点补充贫困县村卫生室和乡镇卫生院；本科及以上学历毕业、经住院医师规范化培训合格并到基层医疗卫生机构工作的，可直接参加中级职称考试，考试通过后，可直接聘任中级职称；取得其他全科医生培训合格证书的全科医生到基层医疗卫生机构工作的，可提前1年参加相应的职称考试，同等条件下优先聘用到全科主治医师岗位；对长期扎根贫困县农村基层工作的全科医生，可突破学历等限制，破格晋升职称；在乡镇卫生院连续工作满2年并取得执业助理医师以上资格的在岗人员，经县级人力资源社会保障部门核准，可直接办理聘用手续。

在三级医院对口帮扶县医院方面，以贫困县医院服务能力提升为目标，以重点专科建设和临床专业技术人才和医院管理人才队伍建设为重点，每年为受援医院"解决一项医疗急需，突破一个薄弱环节，带出一支技术团队，新增一个服务项目"，全面提升贫困县县级医院服务能力。组建国家医疗队，定期赴贫困地区开展义诊和巡回医疗工作，让贫困地区群众在家门口就可以享受到国家级医院专家的服务。

在加快发展远程医疗服务方面，全面建立从三级医院到县医院互联互通的远程医疗网络，充分利用远程教育和远程会诊，提高基层医疗卫生服务效率和服务质量。实施互联网＋健康扶贫，开展应用试点项目，创新健康扶贫机制和形式，提高贫困地区医疗卫生信息化、智能化水平。

在创新医疗机构管理机制方面，实施以县级医院为龙头、乡镇卫生院为枢纽、村卫生室为基础的县乡村一体化管理，构建三级联动的县域医疗服务体系。

（四）加强公共卫生和疾病防控，努力让贫困人口"少生病"

2016 年召开的全国卫生与健康大会，确立了"以基层为重点，以改革创新为动力，预防为主，中西医并重，将健康融入所有政策，人民共建共享"的工作方针。强调了加强公共卫生和疾病预防在全民健康保障中的地位和作用。贫困地区受环境卫生、风俗习惯以及不健康行为方式的影响，公共卫生和疾病防控工作显得尤为重要，贫困人口维护健康的巨大潜力和积极性需要进一步调动。实施健康扶贫工程，加强贫困地区的公共卫生和疾病防控是解决因病致贫、因病返贫问题的治本之策。健康扶贫尤其要坚持预防为主、防治结合，进一步加强贫困地区预防保健工作，将公共卫生和疾病预防控制工作摆到更加重要的位置，更加有效提供基本公共卫生服务，更加精准实施重大公共卫生项目，更加努力消除贫困地区的传染病、地方病危害。

在贫困地区传染病、地方病、慢性病防控方面，加大人畜共患疾病防治力度，包虫病综合防治试点推广到四川藏区、西藏自治区、青海玉树和果洛州；加强对结核病疫情严重的贫困地区防治工作的业务指导和技术支持，开展重点人群结核病主动筛查、规范诊疗服务和全程管理，进一步降低贫困地区结核病发病率；在艾滋病疫情严重的贫困地区建立防治联系点，全面启动凉山州艾滋病防治和健康扶贫攻坚行动，加大防控工作力度；综合防治大骨节病和克山病等重点地方病；加强肿瘤随访登记及死因监测，扩大癌症筛查和早诊早治覆盖面；加强贫困地区严重精神障碍患者筛查登记、救治救助和服务管理。

在妇幼健康服务方面，继续实施农村妇女"两癌"（乳腺癌和宫颈癌）筛查等项目；全面实施免费孕前优生健康检查、农村妇女增补叶酸预防神经管缺陷、贫困地区儿童营养改善、新生儿疾病筛查、先天性结构畸形救助等项目；推进出生缺陷综合防治，规范落实孕产妇保健、儿童保健、计划生育技术服务等基本公共卫生服务项目；加强人员培训，提高妇幼健康服务质量。

在爱国卫生运动和健康促进方面，切实改善贫困地区人居环境和卫生状况，提高农村贫困人口健康水平。实施农村厕所革命；加强农村饮用水和环境卫生监测、调查与评估，实施农村饮水安全巩固提升工程；推进农村垃圾污水治理，综合治理大气、地表水等环境污染问题。全面开展"三减三健"等健康教育，坚持不懈抓好健康促进，采取有针对性的措施，提高贫困地区群众健康素养，养成良好生活卫生习惯，力争少生病、晚生病、少生大病。

三、健康扶贫主要进展成效

健康扶贫工程实施以来，各地围绕贫困人口"基本医疗有保障"的目标，积极落实精准扶贫精准脱贫基本方略，健康扶贫政策措施落地生效。截至 2017 年年底，在国务院扶贫办建档立卡的因病致贫、因病返贫 981 万户、2856 万人中，已经脱贫了 571 万户、1730 万人，脱贫率达 58.2%，因病致贫、因病返贫户脱贫进度与全国建档立卡贫困户的整体脱贫进度基本同步。

（一）高位推动部门协作，健康扶贫工作机制运行良好

各级党委政府高度重视，将健康扶贫纳入脱贫攻坚战统一研究部署，出台一系列超常规举措。各级卫生健康部门牵头负责，相关部门紧密配合，建立了高效协作、稳步推进、责任明确、动态监测、社会参与的工作机制，迅速形成了齐抓共管的良好工作局面。

一是合力攻坚的协作机制。国家卫生健康委、国务院扶贫办是实施健康扶贫工程的牵头部门，负责统筹协调、督促落实，国家发展改革委、教育部、民政部、财政部、人力资源和社会保障部等部门分工负责，制定政策，保障健康扶贫工程顺利实施。按照"中央统筹、省负总责、市县抓落实"的工作体制要求，各地均成立卫生健康行政部门一把手任组长的健康扶贫工作领导小组，通过一级抓一级，层层抓落实，部门通力协作，扎实有效开展健康扶贫工作。

二是稳健有力的推进机制。定期召开会议，总结成绩、交流经验，部署推进重点工作；举办健康扶贫培训班，提高卫生健康工作人员思想认识，提升政策水平和业务能力；开展调研指导，研究确定健康扶贫的思路和重大举措，推动健康扶贫精准施策；以政策宣传解读、典型经验推广为主要内容，以大众媒体和人际传播为有效途径，推动健康扶贫宣传深入人心。

三是要求明确的追责机制。将健康扶贫作为脱贫攻坚成效考核的重点内容，每年组织对中西部22个省份实施健康扶贫工程情况进行考核评估，开展督查巡查，定期通报各地健康扶贫工作任务进展和目标实现情况，深入推进健康扶贫领域作风专项治理。

四是动态监测的管理机制。建立全国健康扶贫动态管理信息系统，实时更新数据，挂图作战，跟踪政策落实和疾病救治进展，对因病致贫、因病返贫情况进行动态监测。

五是社会参与的动员机制。开展为贫困大病患者提供救助的"健康暖心工程"，建立社会力量与贫困人口精准对接的"中国大病社会救助平台"，组织实施一系列社会扶贫项目，发动全社会参与健康扶贫。

（二）精准识别和分类救治全面推进，群众满意度较高

2016 年 4 月，原国家卫生计生委以县为单位，组织动员全国 80 多万基层卫生计生工作人员，通过入户调查等方式，就发病率高、费用高、严重影响生产生活能力的 45 个重点病种和 48 个次重点病种，逐户、逐人、逐病进行调查核实，全面摸清了因病致贫的 775 万户、1996 万建档立卡贫困人口的患病情况。截至 2017 年年底，累计核实贫困患者 849 万人[①]（见图 1—3），其中，大病患者 196 万人，慢病患者 608 万人，重病患者 47 万人（见图 1—4）。已有 804 万人入院治疗或接受签约服务，救治比例达 95％。从救治进度来看，大多数省份均在 90％以上（见图 1—5）。

贫困患者（万人）

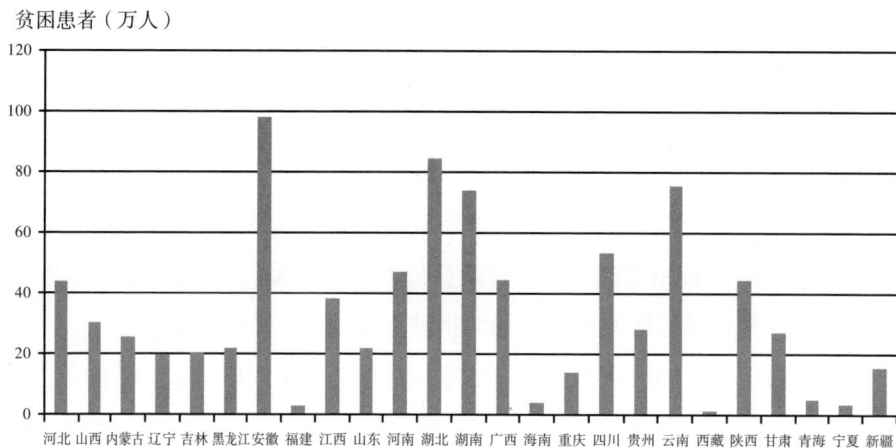

图 1—3 2017 年各省（区、市）核实贫困患者情况

注：数据来源于全国健康扶贫动态管理系统。

2018 年 1 月，中国人口与发展研究中心对 22 省（区、市）因病致贫、因病返贫人员进行健康扶贫满意度电话调查。调查数据显示，贫困人口对健康扶贫政策在本地执行情况满意度为 83.9％。其中，表示"非常满意"的占

----

① 部分患者患两种以上疾病，既患有大病又患有慢性病，故此合计为 849 万人。

46.7%，"比较满意"的占 37.2%，"一般"的占 11.8%，"比较不满意"的占 3.7%，"非常不满意"的占 0.6%（见图 1—6）。

贫困患者（万人）

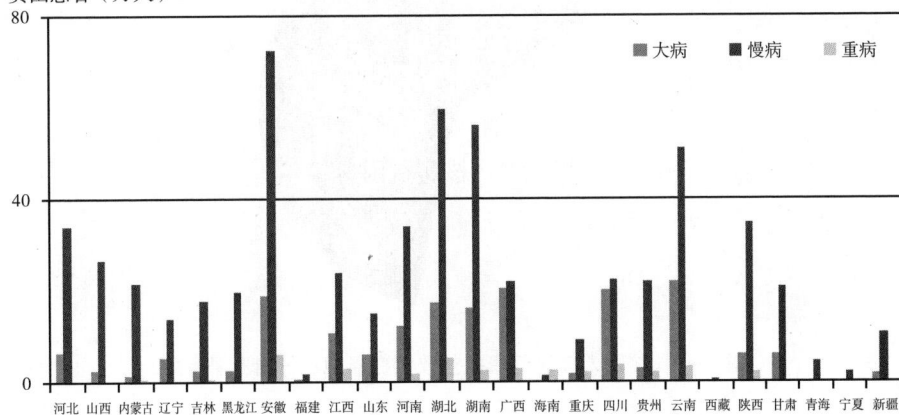

图 1—4　2017 年各省（区、市）"三个一批"分类情况

注：数据来源于全国健康扶贫动态管理系统。

救治进度（%）

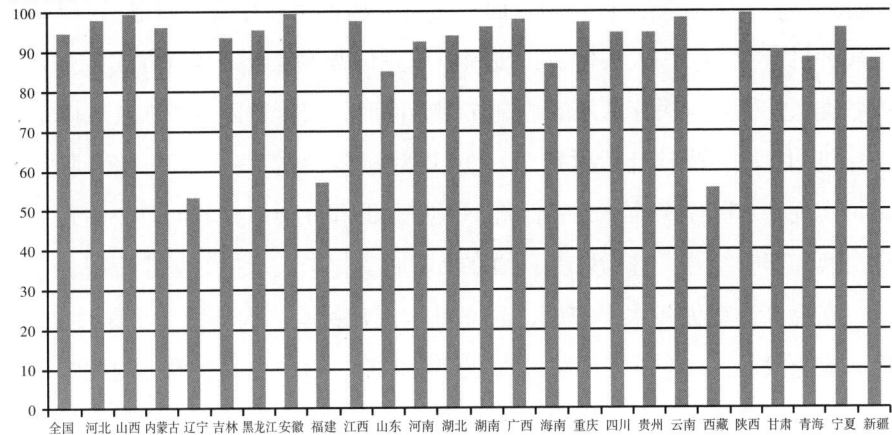

图 1—5　2017 年全国 849 万确诊贫困人口分类救治进度

注：数据来源于全国健康扶贫动态管理系统。

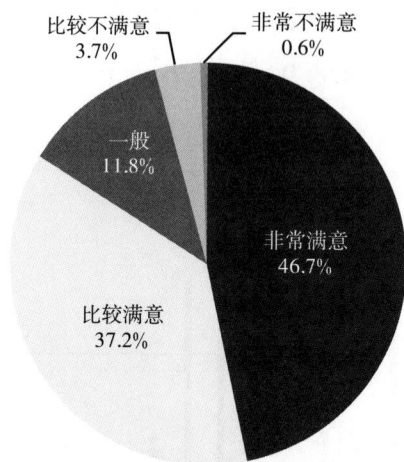

图1—6　贫困人口对健康扶贫政策在当地执行情况满意度

注：数据来源于2018年健康扶贫满意度电话调查。

（三）控费与保障相结合，贫困人口医疗负担显著减轻

通过控制医疗费用和提高政策保障水平，减轻就医负担，让贫困人口"看得起病"。在控制医疗费用方面，实行大病重病治疗的"四定"，建立以按病种付费为主，按人头付费、按服务单元付费等复合型付费方式，充分发挥各类医疗保险对医疗费用的控制作用。同时，实行贫困患者在县域内定点医疗机构住院"先诊疗后付费"。定点医疗机构设立"一站式"综合服务窗口，实现基本医疗保险、大病保险、医疗救助和社会慈善救助"一站式"信息交换和即时结算，贫困患者只须在出院时支付个人承担的医疗费用。

在提高政策保障水平方面，建立基本医疗保险、大病保险、医疗救助、疾病应急救助、社会补充保险、商业健康保险、财政兜底保障等制度的衔接机制，发挥政策协同互补作用，形成政策保障合力。对贫困人口实行倾斜性医疗保障政策，新农合大病保险起付线降低50%，政策范围内住院费用报销比例提高5个百分点以上。监测数据显示，2017年建档立卡贫困患者人均医疗费用为6729元，实际报销比例达到84.2%，人均自付比例为15.8%，较2016年下降了26.6个百分点（见表1—1）。

表1—1 农村贫困人口医疗费用情况

年份	救治人数（万人）	救治人次（万人次）	医疗费用（亿元）	人均费用（元）	人均自付费用（元）	人均自付比例（%）
2016	225.8	262.4	188.4	8342	3536	42.4
2017	495.6	750.41	333.5	6729	1062	15.8

注：数据来源于全国健康扶贫动态管理系统。

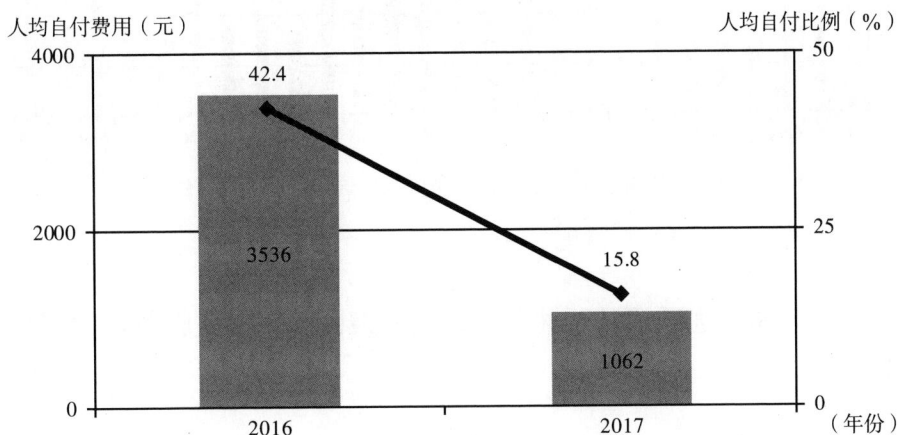

图1—7 农村贫困人口医疗费用和自付比例变化

注：数据来源于全国健康扶贫动态管理系统。

各地还为贫困人口建立了不同类型的医疗保障兜底政策。截至2017年年底，已有17个省（区、市）出台了贫困人口补充医疗保障政策。比如，安徽省实行"三保障一兜底一补充"政策；云南市建立基本医保、大病保险、医疗救助、政府兜底"四重保障"体系；重庆市设立4亿元健康扶贫医疗基金，对大额自付医疗费进行特殊救助；江西市为贫困人口购买补充医疗保险；四川省实行"十免四补助"和"两保三救助三基金"政策。一些省份的贫困人口人均自付比例已低于10%（见图1—8）。

人均自付比例（%）

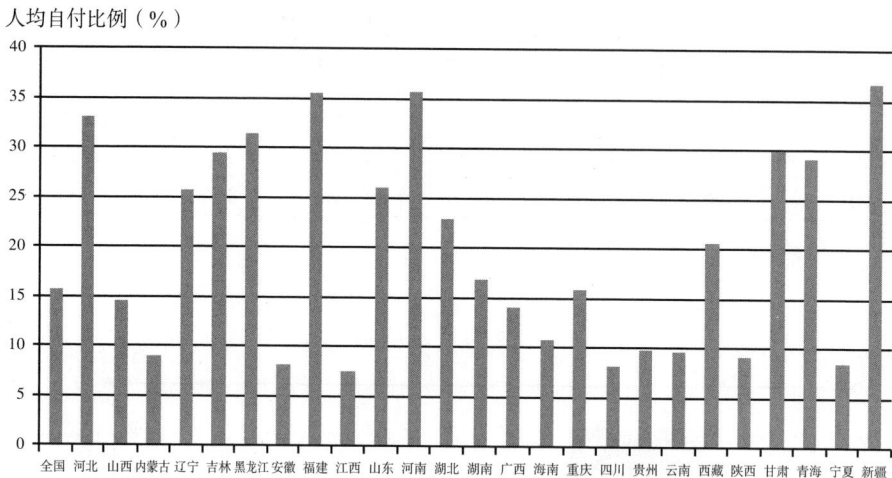

图1—8　2017年各省（区、市）贫困人口医疗费用人均自付比例

注：数据来源于全国健康扶贫动态管理系统。

（四）引导优质资源加速下沉，贫困地区医疗卫生服务能力明显提升

近年来，各地通过加大财政投入，创新优质资源下沉方式，以项目计划形式培养基层专业人才，贫困地区的优质医疗卫生资源明显集聚，服务能力得到明显提升。各地积极落实《全国医疗卫生服务体系规划纲要（2015—2020年)》，按照"填平补齐"原则，实施贫困地区县级医院、乡镇卫生院、村卫生室标准化建设，构建三级联动的县域医疗服务体系。2016—2018年上半年，中央累计安排专项投资706.4亿元支持5099个医疗卫生服务项目建设，其中618.2亿元用于支持贫困地区所在省的4391个医疗卫生基础设施建设项目。

实施全国三级医院与贫困县县级医院一对一帮扶。从全国遴选能力较强的三级医院（含军队和武警部队医院），与连片特困地区县和国家扶贫开发工作重点县县级医院签订一对一帮扶责任书，明确帮扶目标任务。截至2018年上半年，共组织了963家三级医院对口帮扶834个贫困县的1180家县级医院，帮扶医院间均已建立紧密工作联系。组织建设从三级医院到县级

医院互联互通的远程医疗网络，已实现所有国家级贫困县远程医疗网络全覆盖。在陕西省汉中市开展了"互联网＋健康扶贫"试点项目。

实施"万名医师支援农村卫生工程"，组织城市三级医院向全国 26 个省（区）的 955 个项目县，每家受援县医院每年派驻 5 名医务人员，2017 年派驻人员共 4705 名。加强全科专业住院医师规范化培训，累计培训"5+3"（5 年大学教育 +3 年住院医师规范化培训）全科医生 3.4 万人。为中西部地区农村乡镇卫生院订单定向培养了 5 万名本科医学生。以中西部地区、贫困地区、革命老区为重点，启动实施助理全科医生培训工作。中央财政按照 2 万元 / 人 / 年的标准，为中西部地区农村医疗卫生机构招收培养 1 万名助理全科医生。各地也积极抓住人才不足这个软肋，努力加强以基层为重点的人才队伍建设。如贵州省启动实施 6000 名县乡卫生技术人员的学历提升和 4000 名乡村医生中专学历教育项目；对所有的乡镇卫生院院长、卫生技术骨干人员、村医进行轮训；对 2000 余名检验、儿科、急诊急救等基层卫技人员进行培训；招收 2350 名订单定向免费医学生；组织 1356 名二级以上医院医务人员到乡镇卫生院开展为期 1 年的"传帮带"。

（五）公共卫生工作扎实开展，部分疾病得到有效遏制

在健康扶贫顶层设计和新时期卫生工作方针的指引下，坚持预防为主、防治结合，将公共卫生和疾病预防控制工作摆到更加重要的位置，有效推动了疾病预防关口前移，防止因病陷入贫困状态。持续加大重点传染病、地方病综合防控力度，全面启动凉山州艾滋病防治和健康扶贫攻坚行动。积极探索包虫病医防结合新模式，各级成立了包虫病防治技术小组、药物治疗和药物副反应处置小组、外科治疗和医疗救助小组，将包虫病患者治疗纳入新型农村合作医疗。中央财政对流行区的包虫病患者外科手术治疗人均补助 8000 元、内科治疗补助人均 1728 元，使包虫病得到有效遏制。将包虫病综合防治试点推广到四川藏区、西藏自治区、青海玉树和果洛州。各地在公共卫生和疾病防控方面积极探索，对多种地方病、传染病实行专病专防，有效推动了疾病预防关口前移。

依托中央转移支付地方重大公共卫生项目，加强贫困地区癌症、心脑血管疾病等重大慢性病早期筛查和早诊早治，减少患者因病致贫、因病返贫。贫困地区农村妇女"两癌"筛查实现目标人群全覆盖。截至 2017 年年底，贫困地区的儿童营养改善项目累计受益儿童 580 万，新生儿疾病筛查项目累计受益儿童 605 万。持续改善贫困地区卫生状况，全面开展"三减三健"等健康教育，居民健康素养水平明显提高。

健康扶贫工作涉及面广、难度大，短期内取得这些成绩，实属不易。概括起来，有以下几条基本经验。一是将健康扶贫纳入脱贫攻坚整体布局，坚持中央统筹、省负总责、市县抓落实，形成卫生健康部门牵头、有关部门分工协作机制。二是坚持精准扶贫精准脱贫基本方略，形成精准到户、精准到人、精准到病的分类救治方案，切实提高贫困人口在医疗服务方面的获得感、满意度。三是坚持遵循卫生健康工作规律，既聚焦解决现有贫困人口因病致贫、因病返贫问题，又强调防治结合，努力提高贫困人口的健康素养。四是坚持严格考核评估，将健康扶贫纳入省级党委政府脱贫攻坚成效考核内容，建立健康扶贫全程动态监管机制。五是坚持政府主导，引导社会组织、企业、个人等社会力量的有序参与，初步形成合力攻坚态势。

这些经验对推进健康中国建设、深化医药卫生体制机制改革具有重要启示，为建立符合中国国情的全民健康保障制度进行了积极的探索。一是通过集中组团式对口支援、定点扶贫等方式，超常规引导优质医疗资源下沉，大幅提升了贫困地区医疗服务能力，为落实分级诊疗制度奠定了坚实基础。二是通过"四定两加强"对大病进行集中救治，在确保医疗质量、控制医疗费用、推进医保支付方式改革方面实现了重要突破。三是在贫困地区优先落实家庭医生签约服务，落实重点人群慢病管理、健康促进各项任务，为新时期建立以健康为中心、以预防保健为重点的卫生健康服务保障制度进行了重要探索。四是健康扶贫工程汇聚优质资源集中攻坚，体现了社会主义制度的优越性，也为发展中国家和欠发达地区建立基本医疗卫生保障制度提供了可供借鉴的经验。

四、健康扶贫面临的挑战

当前，脱贫攻坚已经到了决战决胜的关键时期。虽然健康扶贫已经取得了显著成效，但是我们也应该清醒地看到，未来三年，健康扶贫攻坚任务还十分艰巨繁重，贫困人口因病致贫、因病返贫现象仍然十分突出。健康扶贫在推进过程中，仍然会面临一系列的压力和挑战。

（一）因病致贫、因病返贫是扶贫攻坚"硬骨头"的主攻方向，健康扶贫将是一项长期任务

进入脱贫攻坚的深水区，未来稳定和巩固健康扶贫成效的难度依然较

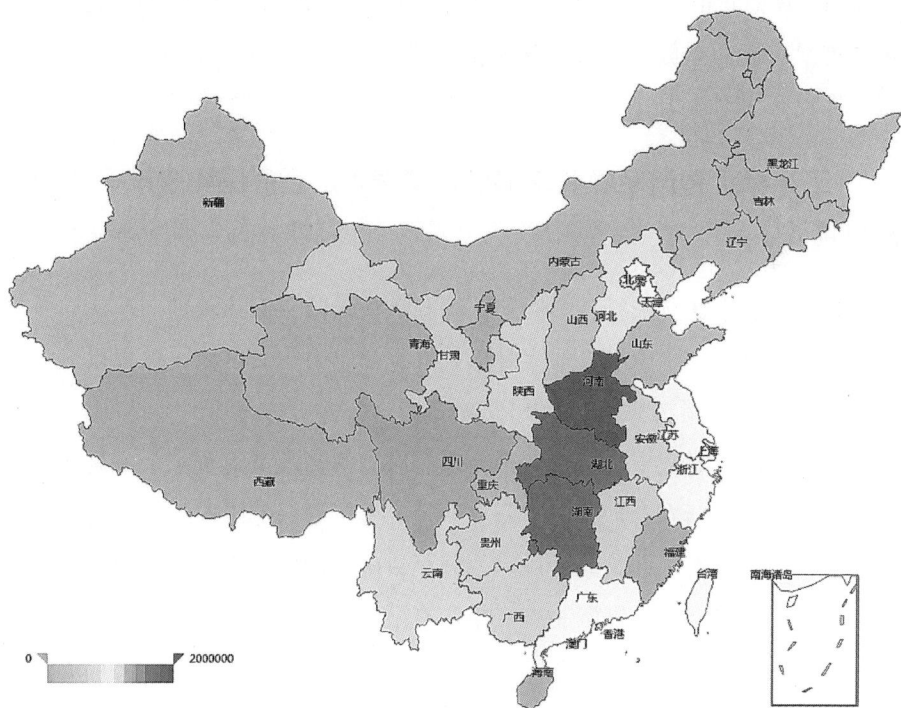

图1—9 2017年年底25个省（区）因病致贫、因病返贫人口分布

注：数据来源于全国健康扶贫动态管理系统。25个省（区）分别为：河北、山西、辽宁、吉林、黑龙江、江苏、安徽、福建、江西、山东、河南、湖北、湖南、海南、四川、贵州、云南、陕西、甘肃、青海、内蒙古、广西、西藏、宁夏、新疆。

大，需要面对减少因病致贫存量和预防因病返贫增量的双重压力。截至
2017 年年底，尚未脱贫的 965 万户、2937 万人中，因病致贫、因病返贫的
有 411 万户（占比 42.59%）、1076 万人（占比 36.64%），主要集中在河南、
湖北、湖南、四川等中西部人口大省（见图 1—9）。全部贫困患者中，60
岁及以上老年人占比超过一半，达到 52.1%；丧失劳动能力或无劳动能力的
贫困患者占比高达 64%。而这些老年、无劳动能力的贫困患者很难恢复劳
动能力，很难通过自身能力增加收入，实现脱贫。

因疾病和健康问题导致的贫困不会像就业、住房、上学等致贫因素可以
通过针对性措施一次性消除，很多疾病尤其是慢性病的治疗康复是一个长期
过程。随着脱贫攻坚战的持续推进，健康扶贫表现出经济相对活跃、产业发
展条件和脱贫基础较好的中东部地区，因病致贫返贫占比相对较高。随着贫
困人口健康意识的提升，医疗服务需求增加，健康扶贫工作任务可能更加繁
重。这要求我们对健康扶贫工作不能松懈，对健康扶贫的长期性、艰巨性、
复杂性要有深刻认识。

（二）稳定筹资制度尚未形成，贫困人口医疗保障政策可持续性受到挑战

目前，健康扶贫依托基本医疗保险、大病保险、医疗救助、疾病应急救
助等基本医疗保障制度和其他多种形式补充保险政策为贫困人口提供多重医
疗保障。从筹资渠道来看，医疗保障政策资金主要来源是中央和地方财政
（见图 1—10），财政支出负担较重。现有医疗保障政策筹资水平不高，城乡
居民基本医保（新农合）尚处于低水平筹资与待遇保障阶段，虽然总体上略
有结余，但部分地区面临赤字风险。截至目前，健康扶贫还没有设立专项资
金，没有形成高层级的筹资制度安排，有限的基本医保基金难以长期维持贫
困人口的医疗费用。同时，医院先行垫付大量医疗费用使医院运转困难，医
保基金重点倾斜贫困人口带来政策不公平等一系列问题，政策可持续性面临
严峻挑战。

2018 年正值新一轮国务院机构改革，地方医保管理体制改革还未完全

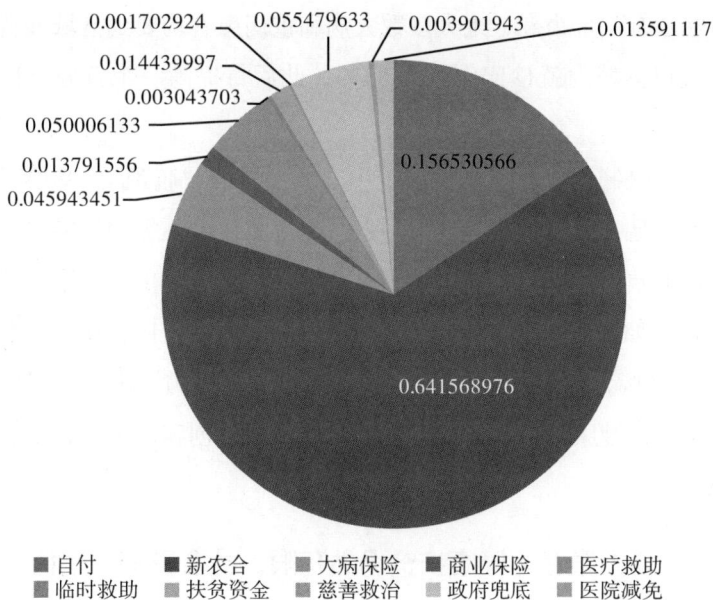

图1—10　2017年全国25个省份贫困患者医疗资金来源构成

注：数据来源于全国健康扶贫动态管理系统。25个省份同图1—9。

到位，很多地方政策措施归属多个部门，政策措施衔接协调任务重，部分重特大疾病的保障力度仍显不足。贫困户和非贫困户医疗保障待遇的"悬崖效应"值得关注。健康扶贫政策长效机制亟待建立。

（三）贫困地区基层服务能力依然是短板，需要各级政府长期投入支持

受社会经济发展相对滞后、自然环境艰苦、财政保障困难等因素影响，贫困地区医疗卫生事业发展落后，尤其是乡、村两级医疗卫生机构基础设施建设缓慢。贫困地区地域面积广、山高路远，群众居住高度分散，卫生服务半径大，服务成本高。医务人员在一般平原地区一天能跑遍一个村子，但在贫困山区，2—3天也难以跑遍一个村子。在深度贫困地区，覆盖县、乡、村三级医疗卫生的远程医疗协作网络刚刚建立，远程医疗、教学和培训等服务尚未用好、用活。贫困患者县域内救治情况与"大病不出县，小病不出

乡"的目标还有一定距离，绝大多数大病和重病患者均要到县域外就诊。目前，贫困人口县域内就诊比例约为85%，此后每提高一个百分点都将十分艰难。

人才问题是制约农村贫困地区卫生事业发展的"瓶颈"。基层卫生专业人才"总量不足、分布不均、能力不强、引进留住难"等问题突出。尤其是村医待遇水平差，养老问题尚未得到有效解决，基层卫生健康服务网底有待进一步加强。如新疆，2017年自治区和地州市级医疗卫生机构卫生计生人员占全区的75%，仅有25%在县及以下医疗卫生机构。部分基层机构新购医疗设备闲置，健康教育和健康促进针对性不强，创新性不够，不能充分吸引群众。

（四）社会力量参与健康扶贫仍然有限，社会影响力有待增强

目前，社会力量参与健康扶贫的渠道有限且不畅通，慈善组织和爱心人士对接贫困患者比较困难，往往错过最佳帮扶时机，时效性不强。同时，社会力量参与缺乏品牌项目的示范和带动，各类社会主体帮扶救助活动相对零散、规模不大，资金使用效率不高。全国健康扶贫动态管理系统数据显示，2017年贫困患者医疗费用来源中，慈善资金为5731万元，占比不到1%。此外，中国大病社会救助平台对外宣传还不够，社会组织、爱心人士等在媒体舆论的影响下，扎堆帮扶个别地区、个别对象，造成社会力量参与健康扶贫"冷热不均"。

（五）健康素养亟待提升，形成以预防为中心的管理格局任重道远

健康素养受到自然环境、经济水平、社会文化等因素综合影响。长期以来，贫困地区的群众生存环境艰苦，生活条件差，人畜共居，疾病防控意识差，"小病扛，大病拖"现象屡见不鲜，健康生活方式与行为素养水平普遍较低。部分贫困地区地方病、传染病形势依然严峻。尤其是在深度贫困地区，结核病、艾滋病、大骨节病、包虫病等重点疾病病情较重。部分县没有独立设置的疾病预防控制、卫生监督等专业机构，预防屏障存在漏洞，仍然

存在疫情暴发和流行的风险，疾病防控难度较大。

随着人们社会生活方式的改变、人口老龄化的加快，贫困地区的肿瘤、心脑血管疾病、糖尿病、慢性呼吸系统疾病等慢病发病率也在逐年上升。从贫困患者疾病构成来看，大病与慢病的比例已经从健康扶贫初期的1∶1变为目前的1∶4，说明多数患有大病的贫困人口经过救治后转为慢病患者，然而慢病管理和疾病预防是卫生健康系统相对薄弱的环节。同时，慢病签约服务还落得不实不细，还存在签而不约、签而难约的现象。高血压、糖尿病等多发慢病规范化管理和健康服务还需全面加强。

五、对未来健康扶贫的建议

"十三五"时期是全面建成小康社会的决胜阶段，是全面推进健康中国建设的开局起步阶段，也是脱贫攻坚进入决战决胜的关键时期。健康扶贫作为打赢脱贫攻坚战的关键举措，面临诸多现实挑战，需要采取超常规举措实施攻坚行动，保障贫困人口享有基本医疗卫生服务，防止因病致贫、因病返贫，扎实推动健康中国建设。

（一）树立大健康理念，推动健康乡村建设

积极落实"健康中国2030"战略和乡村振兴战略，树立"大卫生、大健康"的理念，把以治病为中心转变为以人民健康为中心，推进健康扶贫与医药卫生体制改革、健康教育体系建设相结合，推动全民健身和全民健康深度融合，全力打造健康乡村。积极开展社会健康教育和健康促进行动，让人民群众形成自己是健康第一责任人的意识。针对重点人群、重点疾病、主要健康问题和健康危险因素开展健康教育，通过健康讲座等多种方式，普及大健康观念和大健康知识，倡导健康文明的生活方式，对自身健康进行有针对性的管理和预防。

继续增强农村贫困地区公共卫生和疾病预防力度，全面开展爱国卫生运

动，努力让人民群众"少生病"。加强重大传染病、地方病和慢性病防治，重点防治包虫病、结核病和大骨节病等传染病、地方病，提高糖尿病、高血压、严重精神障碍、肿瘤患者等慢病、大病管理覆盖面。创新健康服务管理方式，运用互联网、大数据、信息化等现代化手段，加快推动全民健康社会建设，努力实现共建共享。

（二）加大政策供给力度，建立长效保障机制

建立稳定的筹资制度，提高基本医疗保险的筹资水平，建立更加可持续的医疗保障制度。应确保在医保管理体制改革过程中，对贫困人口保障力度不减，待遇不降。扩大健康扶贫大病、重病、兜底保障资金来源，争取设立国家和地方健康扶贫专项资金。创新专项资金使用方式，运用健康扶贫动态监测系统，根据贫困人口服务量情况，定向支持承担集中救治任务的医疗服务机构。

健全多层次医疗保障体系，促进各项医疗保障政策有效衔接。按照"保基本、兜底线"的原则，在基本医疗保险基础上，设计补充保障制度，保证健康扶贫任务的完成，保证医疗保障体系的可持续运行。做好基本医保、大病保险、医疗救助、补充医疗保障政策和保障机制的衔接落实，增强重特大疾病的保障功能。进一步理顺定点医疗机构"先诊疗后付费""一站式"结算机制，实现各项政策制度"一盘棋"。同时，控制医疗支出，增进患者健康、激励医疗机构合理诊疗。

（三）强化基层基础工作，提高医疗卫生服务能力

基层基础工作是解决政策落实"最后一公里"的关键。研究制定贫困地区医疗卫生服务能力建设规划，按照"填平补齐"的原则，加快完成贫困地区县、乡、村医疗卫生机构标准化建设。加强县级医院地方病、传染病专科建设，重点支持乡镇卫生院和村卫生室改善条件，进一步提升县域内医疗卫生服务能力和水平。完善三级医院对口帮扶长效机制，以重点专科建设和适宜技术带教为重点，全面加强贫困地区县、乡远程医疗系统建设和运用。建

立远程医疗到村、在线慢病管理到户、医学教育与健康促进到人、移动智能医疗到病的"互联网+"健康扶贫模式，推动优质医疗资源向基层下沉。

立足本土化人才培养，继续倾斜实施农村订单定向免费医学生培养、全科医生特岗计划等各类人才培养项目，培养一批懂民情、善沟通、会治病的本土化专业人才。实行乡聘村用管理机制，稳定村医网底队伍，提高服务能力和质量。充分发挥家庭医生团队服务网底作用，创新家庭签约服务模式，围绕贫困人口慢病患者服务需求，采取有针对性的健康服务，为贫困人口提供健康咨询、评估、行为干预、用药指导等个性化服务，切实提高农村贫困人口慢病签约服务质量。

（四）突破艰中之艰，聚焦深度贫困地区健康扶贫

习近平总书记强调，脱贫攻坚本来就是一场硬仗，深度贫困地区脱贫攻坚更是这场硬仗中的硬仗。针对深度贫困地区卫生健康服务资源紧缺和能力严重不足，重大地方病、传染病危害严重等突出问题，采取超常规措施，编制"三区三州"卫生计生服务体系建设专项规划。将医疗卫生领域中央和省级新增资金、新增项目、新增政策向"三区三州"等深度贫困地区倾斜。重点支持深度贫困地区乡镇卫生院、村卫生室改善服务设施条件，加快基层卫生人才培养培训。通过"互联网+"医疗健康、医联体建设、对口帮扶等形式，促进优质医疗卫生资源有效下沉，提升基层医疗卫生服务能力。

以实施"三区三州"重大传染病防治和健康扶贫攻坚行动为抓手，整合各方面资源，实施预防、筛查、治疗、康复、管理的全过程综合防治，努力遏制并逐步消除重大传染病危害。在深度贫困地区深入开展爱国卫生运动，持续改善农村人居环境，加强公共卫生、疾病预防和健康促进，引导形成健康生活方式。

（五）搭平台、建机制、畅渠道，凝聚社会力量合力攻坚

打赢健康扶贫攻坚战，仅靠政府的力量是不够的，需要全社会行动起来。尤其是各类社会组织，能够汇集多方人力、物力、财力为健康扶贫提供

支持。针对社会力量参与健康扶贫平台少、机制不顺、渠道不畅等问题，加快建立社会力量参与健康扶贫行动网络平台，完善救助人员身份验证、社会组织精准募捐、救助资金发放等流程，定期发布健康扶贫实施进展和地方健康扶贫帮扶需求，组织社会力量精准对接。聚焦解决贫困人口大病救治问题，发挥"中国大病社会救助平台"作用，开展大病患者救助计划。引导社会力量参与医疗保障体系建设，发挥政府兜底与慈善救助的协同互补作用，强化保障合力。

努力营造社会力量参与健康扶贫的良好氛围。成立由媒体代表、知名企业、公募基金会、卫生健康行业社会组织、专家学者参与的公益联盟，召开相关座谈讨论，总结交流经验，宣传健康扶贫典型案例和经验。积极打造若干社会力量参与健康扶贫的品牌项目，发挥示范带头作用，调动社会力量参与健康扶贫的积极性，形成健康扶贫决胜攻坚格局。

（执笔人：贺丹、刘厚莲、陈佳鹏）

第二部分　专题研究篇

第二章 贫困人口医疗保障制度建设及其完善

健康状况不良是家庭陷入贫困的重要原因，因病致贫、因病返贫是中国农村人口致贫的主要原因。数据显示，2013年和2015年，中国建档立卡贫困户中，因病致贫和因病返贫率分别高达42.2%和44.1%。2016年6月21日，国家卫计委联合国务院扶贫办等15个部委共同发布了《关于实施健康扶贫工程的指导意见》。2017年4月12日，国家卫计委、民政部等6部委又发布《关于印发健康扶贫工程"三个一批"行动计划的通知》。两份文件均旨在提高农村贫困人口健康水平，防止因病致贫、因病返贫。

健康扶贫有四个目标：第一，要让贫困地区的人口能够看得起病；第二，要让他们看得好病；第三，要让他们看得上病；第四，要让他们少生病。对于贫困人口而言，医疗保障主要针对第一个目标，通过提高门诊和住院报销比例，降低贫困地区居民治病所产生的医疗费用，缓解经济负担。对于医疗机构而言，医疗保障发挥着监督医疗行为、控制医疗费用、降低全人群医疗费用负担的作用，预防和减缓"因病致贫、因病返贫"。因此，不论从微观层面还是宏观层面，医疗保障制度的重要性都是不言而喻的。

在我国，就其意义和内容而言，针对贫困人口的医疗保障制度具有丰富性和探索性，值得做基于经验的具体研究，从而总结经验、发现问题，提出完善的对策。

一、我国有关贫困与医疗保障关系的经验研究综述

在介绍我国贫困人口医疗保障制度之前，有必要回顾已有的关于贫困与

医疗保障关系的经验研究，有助于我们对我国贫困问题有更直观地了解，也有利于推演建立贫困人口医疗保障制度体系的必要性和重要性。

（一）贫困与健康的因果关系

1. 贫困不利于健康

已有大量研究证实，贫困不利于健康。不论是绝对收入还是相对收入均会影响健康。收入通过儿童营养、医疗等资源的获得、不同生活方式等因素影响健康。收入越高，健康状况越好，反之亦然（王曲等，2005）。杜雯雯等（2009）通过对 2006 年中国东、中、西部 9 个省份的家庭调查数据研究发现，绝对收入、收入差距和相对收入均会影响城镇居民的健康水平。健康状况随着个人收入的增加而改善，但不呈现明显的非线性关系。

2. 健康状况不良会导致贫困

大量研究证实，健康状况不良会降低收入和致贫。张车伟（2003）利用中国农村数据构建了营养、健康与效率模型，发现几乎所有的营养和健康方面都影响到农村劳动生产率，健康投资对农民脱贫至关重要。高梦滔等（2005）基于中国 8 个省份微观面板数据集[①]，测算了大病冲击对农户长期收入的影响以及健康风险冲击持续的时间，发现大病冲击在随后的 12 年对农户人均纯收入有显著的负面影响，大病冲击使患病户人均纯收入平均降低 5%—6%，大病冲击最长可持续 15 年，并且对于中低收入农户的影响更为严重。孙昂等（2006）认为一旦农户中的劳动力因为大病冲击，自身的健康状况下降，会减少对子女的教育人力资本投资，从而降低子女未来的期望收入，长此以往会导致整个家庭平均收入水平的下降。作者经实证分析发现，大病冲击确实导致了患病家庭的子女教育人力资本投资下降。洪秋妹等

---

① 该研究使用了一个包含中国 8 个省 1354 个农户的面板数据集，数据集的抽样范围是中国农业部的农村固定观察点。因为农业部固定观察点已有的数据包含丰富的家庭人口经济变量，但没有包含个人信息，所以北京大学中国经济研究中心与农业部合作，对样本农户家庭成员 1987—2002 年间的个人情况进行回溯调查。回溯调查获得的个人数据与农业部固定观察点已有的家庭数据合并，形成本文研究最终使用的微观面板数据集。

（2010）考虑了因病致贫与因贫致病的作用路径，基于 CHNS[①] 数据进行了经验分析，认为家庭健康冲击容易使其陷入暂时性贫困，特别是贫困户更易受到健康冲击。解垩（2011）指出，健康风险会导致劳动力退出，特别是贫困阶层更易遭受负向的健康冲击，从而更容易陷入贫困。黄潇（2013）基于 CHNS 数据，估计并分析了健康对贫困脆弱性的影响与内在机制，发现居民健康水平的恶化会使其面临更高的贫困脆弱性。居民健康水平每下降 10%，贫困脆弱性大约会上升 6%。方迎风等（2013）的研究也发现，受到财富约束的个体在面临健康冲击以致收入下降时，会偏重当期消费，能力投资不足，进而影响未来收入。

3.疾病与贫困存在恶性循环

疾病会导致个人劳动能力下降或丧失，导致人力资本下降，收入下降或趋零。生病后的就医行为会导致家庭医疗支出增加，挤占家庭其他消费和生产性投资，使家庭营养水平下降或子女辍学，影响未来物质资本和人力资本。上述二者又使得家庭社会网络和社会支持下降，从而降低社会资本。其结果是使患病家庭陷入贫困。而家庭贫困又极容易因营养不良或缺乏必要医疗服务，从而进一步恶化家庭成员健康状况……上述过程将形成恶性循环。

（二）医疗保障与健康、贫困的关系

1.医疗保障具有一定的反贫困效果

医疗保障制度的反贫困效果主要集中于新农合。部分研究者认为，新农合减贫效果有限。闫菊娥等（2009）利用 2007 年陕西省镇安县 540 户农户调查资料发现，全体参合人群住院费用发生前、住院费用发生后和新农合补偿后的贫困发生率分别为 8.68%、9.41% 和 9.04%。解垩（2008）通过分析 CHNS 数据发现：1989—2003 年，医疗保险补偿的减贫效果有限，每年基本维持在 1—3 个百分点，2006 年仅为 0.4 个百分点。农村则不到 1 个百分点，

[①]　指中国健康与营养调查（China Health and Nutrition Survey, CHNS）。有关该调查的详细内容，可参考网站：https://www.cpc.unc.edu/projects/china。

2006 年仅为 0.16 个百分点。也有研究者认为新农合的减贫效果明显，尤其是对住院患者而言（陈迎春等，2005）。目前，研究者认为，医疗保险减贫效果可能与制度设计相关。比如，徐雅丽等（2011）发现，新农合报销比例对减贫效果的影响最大，起付线和封顶线的影响不大。

2.医疗保障有改善健康的作用

有研究认为，医疗保障制度对健康有改善作用。赵忠等（2005）分析了中国城镇居民健康需求的影响因素，发现有无医疗保险对 18—55 岁城镇居民的健康状况并不显著。罗楚亮（2008）发现，公费医疗、大病统筹、商业医疗保险对城镇居民的健康有显著的正向影响。黄枫等（2009、2010）利用 2002—2005 年中国老年人健康长寿影响因素调查数据（CLHLS）发现，有医疗保险的老人死亡风险比无保险的老人低 19%，有医疗保险的老人平均生存时间比无保险的老人多 5 年。程令国等（2012）基于 2005 年和 2008 年 CLHLS 数据发现，新农合提高了参保者的健康水平。

综上所述，健康与贫困之间存在紧密联系，健康不良与贫困之间存在恶性循环，因此，问题的解决需要针对两个方面：一个是改善和促进健康，另一个是缓解疾病经济负担。基于此，医疗保障在健康扶贫中具有必要性和重要性。同时，我国已有的医疗保障实践也为健康扶贫打下了较好基础，有必要结合健康扶贫进展做进一步的研究。

二、贫困人口医疗保障制度体系建设情况

（一）医疗保障政策体系建设情况

目前，我国已经建立起较为完善的全民医疗保障体系，从保障主体和内容上可以分为医疗保险和医疗救助两大类，其中医疗保险主要包括基本医疗保险、商业健康保险和其他补充保险，2003 年以来，我国先后在农村、城镇建立起新型农村合作医疗（以下简称"新农合"）和城镇居民医疗保险

（以下简称"城镇居民医保"），2016年，新农合与城镇居民医保走向合并，成为城乡居民医疗保险（"城乡居民医保"），它与2010年成立的城乡居民大病保险共同成为城乡居民缓解疾病经济负担的保护伞。

医疗救助是指国家和社会针对那些因为贫困而没有经济能力进行医治的公民实施的专门帮助和支持。它通常是在政府有关部门的主导下，社会广泛参与，通过医疗机构针对贫困患者实施的恢复其健康、维持其基本生存能力的救治行为。医疗救助的对象为特困人员、最低生活保障家庭成员、县级以上人民政府规定的其他特殊困难人员。在保障内容上，2003—2007年，医疗救助具有"保险化"设计特征，并倾向于"大病"保障；2008—2011年，逐步实现以住院救助为主，与基本医疗保险紧密衔接；2012年以来，医疗救助成为住院救助、门诊救助、重特大疾病救助等综合救助。

在健康扶贫背景下，城乡居民医保（含城镇居民医保和新农合）、城乡居民大病保险和城乡医疗救助共同构成面向农村贫困人口的基本医疗保障制度（见图2—1）。

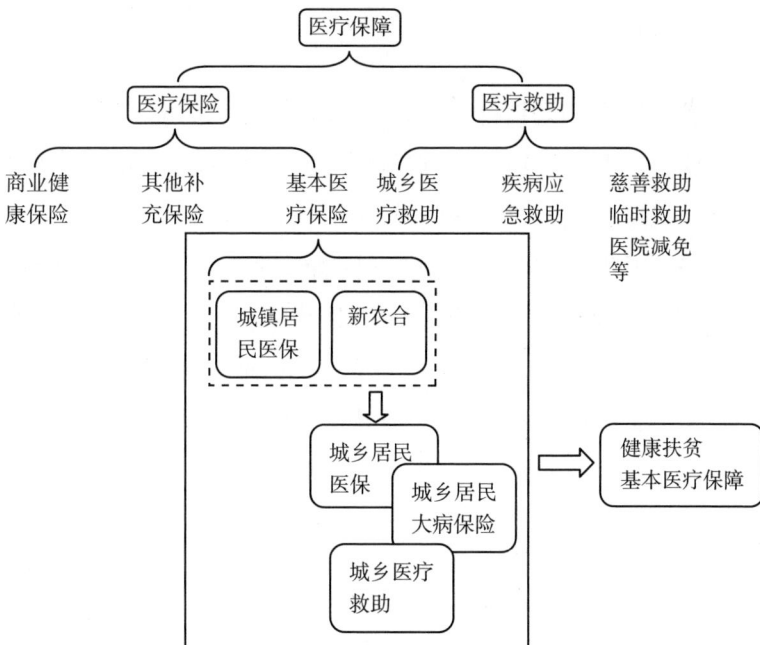

图2—1　我国医疗保障制度体系

（二）我国基本医疗保障制度的实施进程

首先，基本医疗保险切实实现全民覆盖。2017 年，城乡居民医保参保率为 98.6%，城镇居民医保参保率为 98.2%，新农合参保率为 99.1%。

第二，基本医疗保险筹资水平提升。2015—2017 年，我国三项基本医疗保险筹资水平快速提升（见表 2—1）。城镇（乡）居民医疗保险和新农合个人缴费比重占比有所上升。以新农合为例，2015 年新农合个人缴费占比 19.56%，2017 年占比为 24.36%。

表 2—1　基本医疗保险人均筹资金额

（单位：元）

年份	城镇职工	城镇居民	城乡居民	新农合
2015	3237	530.7 (122.1)		483.6 (94.6)
2016	3544	570.2 (136.9)	620.4 (165.4)	551.4 (123.9)
2017	4147	647.0 (164.41)	646.1 (173.13)	612.9 (149.31)

资料来源：人力资源和社会保障部社会保险事业管理中心。2017 年全国医疗生育保险运行分析报告；历年医改监测数据。

注：括号内为个人缴费金额。

第三，农村居民医疗保险待遇水平大幅提高。2016 年，新农合和城镇居民医疗保险整合为城乡居民医疗保险。整合过程的基本原则是："缴费就低不就高、待遇就高不就低、目录就宽不就窄"[1]。由于新农合"三个目录"远低于城镇居民，因此城乡居民基本医疗保险整合大大提高了农民医疗保障水平。2017 年 2 月，人社部印发了《国家基本医疗保险、工伤保险和生育保险药品目录（2017 年版）》。2017 年版目录收录药品品种 2535 个，较 2009 年版实际新增 362 个。支付和使用限制的化学药从 239 个增加到 302 个、中成药从 72 个增加到 115 个[2]。药品目录的增加意味着参保人医疗保障待遇水平的提升。

---

[1]　陈金甫：《推进城乡居民基本医疗保险制度整合　促进制度更加公平更可持续》，《中国人力资源社会保障》2016 年第 9 期。

[2]　沈怡雯、王永庆、张海涛等：《2009 年版和 2017 年版〈国家基本医疗保险、工伤保险和生育保险药品目录〉对比及发展研究》，《中国药房》2018 年第 9 期。

第四，贫困人口基本医疗保障待遇水平快速提升。2016年，国家卫计委等15个中央部门联合发布《关于实施健康扶贫工程的指导意见》，提出提高医疗保障水平，切实减轻农村贫困人口医疗费用负担。各地在实践中，采取了降低基本医疗保险和大病保险起付线，提高保险比例和封顶线等方式向贫困人口倾斜。目前，各地广泛建立了农村贫困人口基本医疗保障相关政策，制定了农村贫困人口最低实际报销比例和最高自付金额，有效降低了农村贫困人口的医疗负担。

最后，医疗救助力度增大。一方面，贫困居民在参加基本医疗保险方面获得医疗救助的支持逐步增加（见图2—2）；另一方面，贫困人口中在接受住院、门诊医疗服务时获得医疗救助的人数逐步增加（见图2—3）。2017

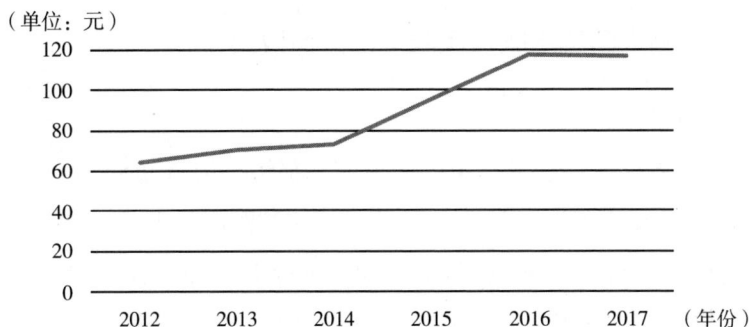

图2—2　2012—2017年医疗救助人均救助水平

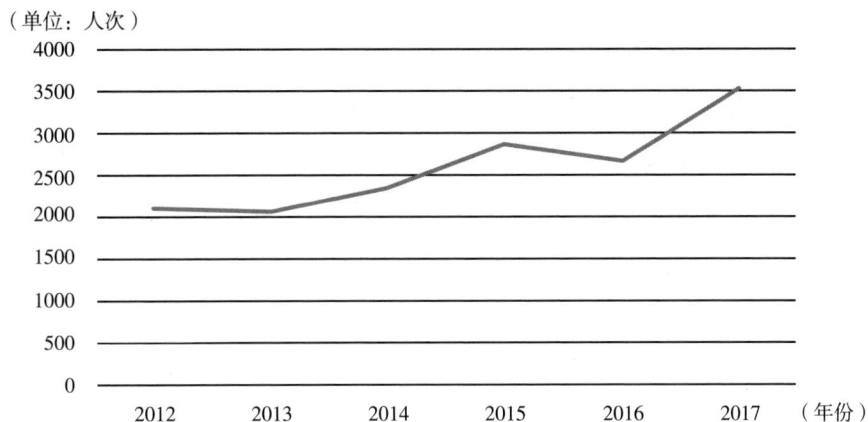

图2—3　2012—2017年直接医疗救助人次

注：直接医疗救助指门诊救助＋住院救助。

年数据显示，全国共实施医疗救助 9154.2 万人次，其中资助参保 5638.6 万人次，住院和门诊救助 3515.6 万人次，支出救助资金共 339.8 亿元。

此外，除政府主导的医疗救助制度设计与财政投入外，慈善等社会力量对医疗救助事业参与贡献不断提升。据不完全统计，2016 年社会捐赠总额中用于医疗救助事业的支出已接近 30%。在政府与全社会力量共同参与下，一个层次丰富、对象精准、内容全面的医疗救助体系正在形成[①]。

总体而言，我国已经基本建立起以基本医疗保险、大病保险、疾病应急救助、医疗救助等为主的基本医疗保障体系，并不断完善兜底保障机制，发挥协同互补作用，形成了保障合力，切实减轻贫困人口医疗费用负担，解决因病致贫、因病返贫。

（三）贫困人口基本医疗保障费用分担效果

1. 实际自付比例

动态管理系统统计显示，2017 年度实际报销比例超过 84%，个人自付比例为 16%（2016 年度为 43%），2017 年健康扶贫医疗总费用 333 亿元（2016 年 195 亿元，两年合计 528 亿元），人均自付费用为 1062 元。333 亿元医疗费用中，新农合为 210 亿元，大病保险为 15 亿元，商业补充保险为 4.5 亿元，医疗救助为 16.6 亿元，临时救助为 1 亿元，扶贫资金为 4.8 亿元，政府兜底为 18.5 亿元，医院减免为 1.3 亿元，慈善救治为 5731 万元，其他 4.5 亿元。

2. 各地实际自付比例

各地按照自付比例排名如下：江西、宁夏、四川、安徽、内蒙古、陕西、云南、贵州 8 省（区）自付比例在 10% 以内，海南、广西、山西、重庆、湖南、西藏 6 省（区、市）自付比例在 20% 以内，黑龙江、河北、河南、福建、新疆 5 省（区）自付比例在 30%—40% 之间。

---

① 中民社会救助研究院：《医保之外 我们还有医疗救助》，见 http://health.sohu.com/20180410/n534465256.shtml，2018 年 3 月 20 日。

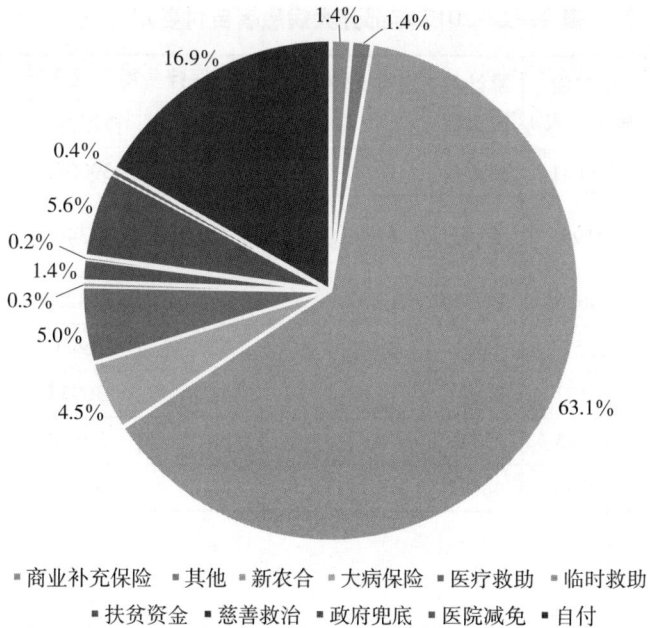

1.4%　1.4%
16.9%
0.4%
5.6%
0.2%
1.4%
0.3%
5.0%
4.5%
63.1%

■商业补充保险　■其他　■新农合　■大病保险　■医疗救助　■临时救助
■扶贫资金　■慈善救治　■政府兜底　■医院减免　■自付

图2—4　2017年度医疗费用保障构成

3. 全病种医疗保障费用情况

2017年度，全病种救治496万人，医疗总费用333亿元，其中自费52亿元，自付比例15.6%。93种重点疾病中自付比例较高的疾病病种依次是包虫病、乙型脑炎、血红蛋白病、四氢生物蝶呤（BH4）缺乏症、神经系统肿瘤、先天性唇腭裂、重型骨髓炎、甲状腺癌、严重神经肌肉疾病，自付比例在25%—32%之间。自付比例较低的疾病病种是苯丙酮尿症、帕金森病、严重心衰、血友病、冠心病、老年性白内障、高血压、慢性阻塞性肺气肿、尘肺、重型老年慢性支气管炎、重性精神疾病、血吸虫病、终末期肾病、脊椎关节强硬、重症人感染禽流感等15种疾病，自付比例在15%以内。

4.9 种大病医疗保障费用情况

2017年，9种大病共救治人数为11.7万，总费用为39亿元，个人自付费用5.4亿元，自付比例为13.9%，人均费用4700元，其中，儿童先天性心脏病3500元、终末期肾病4800元、儿童白血病1.63万元、食道癌4100元、胃癌3800元、结直肠癌4500元。

表2—2   2017年部分大病患者自付费用情况

疾病名称	已救治病例（人）	累计救治次数	自付比例（%）	医疗费用情况（万元）		
				人均自付费用	费用总计	自付总计
小计	116831	389081	13.90	0.47	390092	54404
儿童先天性心脏病	4190	5183	19.90	0.35	7346	1462
终末期肾病	46626	239524	10.07	0.48	224258	22580
儿童白血病	2557	8051	25.35	1.63	16410	4160
食道癌	16173	35921	17.89	0.41	36934	6608
胃癌	24535	51710	18.53	0.38	50810	9414
结直肠癌	22750	48692	18.74	0.45	54334	10180

数据来源：全国健康扶贫动态管理系统。

2017年年底，九种大病累计救治人数为15.8万，总费用65亿元，个人自付14亿元，自付比例为21.5%。人均自付费用为9000元。其中，儿童先天性心脏病6100元、终末期肾病1.01万元、儿童白血病3.16万元、食道癌7500元、胃癌7200元、结直肠癌8200元。

表2—3   截至2017年累计患者自付费用情况

疾病名称	已救治病例（人）	累计救治次数	自付比例（%）	医疗费用情况（万元）		
				人均自付费用	费用总计	自付总计
小计	158055	527360	21.50	0.90	659967	142111
儿童先天性心脏病	6565	8330	28.62	0.61	13946	3991
终末期肾病	55568	309775	15.43	1.01	364682	56254
儿童白血病	3501	12002	34.95	3.16	31665	11066
食道癌	23114	50498	27.97	0.75	62008	17341
胃癌	36100	75435	28.69	0.72	91170	26157
结直肠癌	33207	71320	28.29	0.82	96496	27302

数据来源：全国健康扶贫动态管理系统。

三、各地贫困人口医疗保障制度的实践模式与特色

本部分所考察的地区为河北、山西、内蒙古、辽宁、吉林、黑龙江、安徽、福建、江西、山东、河南、湖北、湖南、广西、海南、重庆、四川、云南、贵州、西藏、陕西、甘肃、青海、宁夏等 24 个省（自治区、直辖市），包含了我国大部分贫困地区。

（一）医疗保障政策组合模式

医疗保障政策的组合模式，从两个维度来归类，一个是组合内的政策种类，另一个是组合内部政策的衔接机制。

1. 三重保障为基础

在本文中，"三重保障"特指基本医疗保险、大病保险和医疗救助三种政策，也是本文所称的健康扶贫基本医疗保障；即充分发挥基本医疗保险（新农合或城乡居民基本医疗保险）、城乡居民大病保险和医疗救助的力量，解决贫困人口疾病经济负担。各地针对贫困人口的医疗保障政策都是在这三重保障基础上增加保障政策，以解决部分贫困人口更高的医疗费用负担问题。目前，仅仅依靠三重保障的地区基本没有，截至 2017 年年底的统计显示，河北、甘肃是仅有的两个充分利用三重保障资源的省份。2018 年 6 月，河北省开始推动建立商业补充医疗保险，构建第四重保障；甘肃省没有建立新的保障政策，但是实施了大病保险再报销政策，也可以视为增加了一重保障。

在健康扶贫中，三重保障针对贫困人口有特殊的政策。比如，降低或免除起付线、提高报销比例、提高报销封顶线等。基本医疗保险是"第一道"保障线，大病保险作为基本医疗保险的延伸，在政策实施上与基本医疗保险紧密衔接，是"第二道"保障线，即当贫困人口享受完基本医疗保险补偿之后，高出的合规费用，得到大病保险的报销，通常而言，医疗救助是"第三道"保障线，但是在有些地区为贫困人口购买了商业补充保险，作为基本医疗保险和大病保险之后的进一步补偿（下文会有涉及），所以，医疗救助可

能作为"第四道"保障线。总体而言，基本医疗保险、大病保险和医疗救助是贫困人口医疗保障制度体系的核心。

2. 三重以上的保障政策组合

根据对 24 个省（自治区、直辖市）贫困人口医疗保障政策的梳理，按照有无引入商业补充保险和哪种政策兜底的标准，可以分成四类政策组合形式，即商业补充保险参与且医疗救助或专项资金兜底的医疗保障政策组合，商业补充保险参与且发挥兜底作用的医疗保障政策组合，充分发挥三重保障作用且政府兜底的医疗保障政策组合，充分发挥三重保障作用且医疗机构减免兜底的保障政策组合（见表 2—4）。

表 2—4　贫困人口医疗保障政策组合模式分类

	商业补充保险兜底	政府相关政策兜底
引入商业补充保险	商业补充保险参与 且发挥兜底作用	商业补充保险参与且医疗救助或 专项资金兜底
未引入商业补充保险		充分发挥三重保障作用且政府兜底； 充分发挥三重保障作用且医疗机构减免兜底

（1）商业补充保险参与且发挥兜底作用的医疗保障政策组合。在此模式中，当地政府为贫困人口购买了覆盖大病的商业补充保险，在基本医疗保险（含新农合）、大病保险、医疗救助，及其他政府、社会救助发挥保障功能之后，对余下的合规费用予以报销，发挥兜底作用，如青海、福建、重庆（见表 2—5）。

表 2—5　商业补充保险参与且发挥兜底作用的医疗保障政策组合示例

地区	贫困人口医疗保障政策组合
青海	基本医保＋大病保险＋医疗救助＋商业健康补充医疗保险
福建	基本医保＋大病保险＋医疗救助＋精准扶贫医疗叠加保险＋商业补充保险兜底
重庆	基本医保＋大病保险＋医疗救助＋扶贫济困医疗基金＋健康扶贫医疗基金＋疾病应急救助＋商业补充保险兜底

2017 年 6 月，福建省政府办公厅印发《福建省精准扶贫医疗叠加保险方案》（闽政办〔2017〕64 号），从当年 7 月 1 日起到 2020 年 12 月 31 日

止，为建档立卡农村贫困人口构建基本医疗保险、大病保险、医疗救助、精准扶贫医疗叠加保险等多层次医疗保障体系，充分发挥医疗和保险叠加政策效应①。精准扶贫医疗叠加保险每年由财政出资2.4亿元，实施三个方面保障；一是实施"第一道"补助：保障对象在省、市、县、乡四级定点医疗机构发生的属于基本医疗保险支付范围的门诊特殊病种和住院医疗费用，在基本医疗保险、大病保险和医疗救助的基础上，采取"双上限"控制的方法予以补助；二是实施"第二道"救助：保障对象中患13种疾病的患者进行集中救治，经基本医疗保险、大病保险、医疗救助和"第一道"精准扶贫医疗叠加保险补偿后，医疗费用个人负担部分再按照90%给予补助；三是实施家庭医生签约缴费补助：保障对象家庭医生签约服务费个人缴费部分，由精准扶贫医疗叠加保险基金承担。2017年9月福州市医疗保障管理局联合多部门印发了《福州市健康扶贫商业补充保险方案》（榕医保文〔2017〕44号），在全市统一建立健康扶贫商业补充保险机制，发挥商业保险对农村贫困人口看病就医的托底保障作用②。2018年年初，福建省莆田市相继出台《莆田市精准扶贫医疗综合补助方案（试行）》和《莆田市建档立卡贫困人口意外伤害及医疗补充保险方案》两项健康扶贫政策，为贫困人口构筑起基本医疗保险、大病保险、城乡居民医疗救助、省精准扶贫医疗叠加保险及市精准扶贫医疗综合补助和市意外伤害及医疗补充保险等"六条保障线"③。

2018年3月，青海省保监局、省扶贫开发局、省卫计委等部门联合印发《关于做好保险业助推青海省脱贫攻坚工作的实施意见》，提出充分发挥商业补充医疗保险的积极作用，构建具有青海特色的基本医保＋大病保险＋政府救助＋商业健康补充医疗保险的"一体化"健康保险扶贫模式④。

---

① 《福建省精准扶贫医疗叠加保险方案》（闽政办〔2017〕64号），见 http://www.fujian.gov.cn，2017年6月22日。

② 关于印发《福州市健康扶贫商业补充保险方案》的通知（榕医保文〔2017〕44号），见 http://www.fuzhou.gov.cn，2017年9月5日。

③ 《健康扶贫破解贫病交加之"痛"》，光明网，https://baijiahao.baidu.com，2018年2月1日。

④ 关于印发《关于做好保险业助推青海省脱贫攻坚工作的实施意见》的通知，青海省卫生和计划生育委员会，http://www.qhwjw.gov.cn，2018年3月26日。

2018—2020 年脱贫攻坚期内，健康扶贫保费采取财政补贴和贫困户自筹相结合的方式解决，按照人均不超过 100 元的标准确定保费，财政补贴部分由县政府统筹安排；攻坚结束后过渡为以个人承担保费为主。

重庆在 2016—2018 年期间设立了 3 亿元的扶贫济困医疗基金和 4 亿元的健康扶贫医疗基金，形成以基本医保、大病保险为基础，医疗救助、扶贫济困医疗基金、健康扶贫医疗基金、疾病应急救助为补充，商业补充保险为兜底的健康扶贫"七道保障线"。

（2）商业补充保险参与且医疗救助或专项资金兜底的医疗保障政策组合。大多数地区，在提升基本医疗保险和大病保险保障水平的同时，将商业补充保险作为前两项政策的补充，当商业补充保险报销之后，贫困人口仍有较高个人自付费用时，由医疗救助或当地专项资金予以兜底保障。实施这种模式的地区有江西、湖北、山西、湖南、内蒙古、山东、海南、宁夏等省（自治区）（见表 2—6）。

其中，江西、湖北、山西、湖南等省份构建了"基本医疗保险＋大病保险＋商业补充保险＋医疗救助"的四重保障，其他地区则在医疗救助第四道保障之后增加了诸如医院减免、专项资金兜底、大病保障基金等兜底政策。比如内蒙古自治区在 2016 年 12 月发布《内蒙古自治区卫生计生精准扶贫工作实施方案》，规定从 2016 年起，以盟市为单位设立贫困人口大病保障基金，用于贫困人群和医疗救助对象住院费用经基本医保、大病保险、医疗救助报销后个人负担费用再次给予保障。

表 2—6　商业补充保险参与且医疗救助或专项资金兜底的医疗保障政策组合

地区	贫困人口医疗保障政策组合
江西、湖北、山西、湖南	基本医保＋大病保险＋商业补充保险＋医疗救助
内蒙古	基本医保＋大病保险＋商业健康补充保险＋医疗救助＋大病保障基金
山东	基本医保＋大病保险＋商业补充保险＋医院减免＋医疗救助
海南	基本医保＋大病保险＋大病商业补充保险＋医疗救助＋专项资金兜底保障
宁夏	基本医保＋大病保险＋商业补充保险＋医疗救助（社会救助／疾病应急救助／医疗救助）＋政府兜底保障

（3）基于三重保障政策且政府或医疗机构减免兜底保障。在健康扶贫中，一些地区在三重保障政策基础上挖掘了政府财政和社会救助、慈善的力量，形成了包含四重及以上保障政策的组合。这些地区如云南、贵州、陕西、安徽、辽宁、广西、河南、四川、黑龙江等。由表2—7可知，各地在推进健康扶贫方面采取了多种措施，一方面充分利用基本医疗保障基金；另一方面动用了政府财政和社会力量。

表2—7　基于三重保障政策的政府或医疗机构减免兜底保障政策组合

地区	贫困人口医疗保障政策组合
云南	基本医保＋大病保险＋医疗救助＋政府兜底保障
贵州	基本医保＋大病保险＋医疗救助＋医疗扶助
陕西	基本医保＋大病保险＋医疗救助＋补充医疗保障
安徽	基本医保＋大病保险＋医疗救助＋政府兜底保障＋慢性病补充医疗保障
辽宁	基本医保（新农合）＋大病保险＋医疗救助＋新农合二次报销＋医疗机构减免兜底
广西	基本医保＋大病保险＋医疗救助＋医保二次报销＋政府兜底
河南	基本医保＋大病保险＋困难群众大病补充医疗保险＋医疗救助＋疾病应急救助
四川	基本医保＋大病保险＋民政医疗救助＋疾病应急救助＋医药爱心扶贫基金＋卫生扶贫救助基金＋重大疾病慈善救助基金
黑龙江	基本医保＋大病保险＋医疗救助＋政府兜底＋医疗机构减免兜底

值得注意的是，陕西的补充医疗保障、安徽的慢性病补充医疗保障、河南的困难群众大病补充医疗保险，都是当地政府拨付一定财政资金建立起来的地方性补充医疗保障。2017年11月底，陕西省卫计委、财政、人社、扶贫办等部门联合出台的《关于为建档立卡农村贫困人口建立补充医疗保障制度的实施意见》规定，自2018年1月1日起实施补充医疗保障，筹资标准为每人每年70元，资金由省、市、县财政按照3∶3∶4的比例分级负担。报销比例或额度由各统筹市、县（区）结合城乡居民医保（新农合）、大病保险和医疗救助报销水平确定[①]。

_____

① 《建档立卡农村贫困人口明年起纳入补充医疗保障》，光明网，2017年12月1日。

根据安徽省《贫困患者慢性病费用补充医疗保障"180"工程实施办法》，贫困人口慢性病患者 1 个年度内门诊医药费用，经"三保障一兜底"综合医保补偿后，剩余合规费用由补充医保再报销 80%（即"180"补充医保）。剩余合规费用包括常见慢性病门诊限额内经基本医保（新农合）报销后的自付部分、超出限额外个人自付的合规医药费用，以及特殊慢性病比照住院报销后自付合规医药费用。"180"补充医保所需资金由省与市县政府共同承担，市县政府承担兜底保障责任；省级专项扶贫资金统筹安排，并按因素法分配给予补助。资金由基本医保（新农合）管理部门管理使用，封闭运行①。

河南省《关于印发河南省困难群众大病补充医疗保险实施细则（试行）的通知》（豫人社〔2017〕10 号）规定，大病补充保险年度人均筹集标准为 60 元，由省、省辖市、县（市）财政按 3：3：4 的比例分级承担；对省直管县（市）和财政直管县（市）省财政承担 60%，县（市）财政承担 40%。

3. 保障政策的便利性获得

多种政策的组合可能在实践中导致"等待"或"衔接不当"等问题，使贫困患者无法及时得到保障。目前，大部分地区实现了县域内"先诊疗后付费"和"一站式"即时结算。一些地区已经扩大至省（市）范围。如安徽、福建、海南、重庆；山西省也在尝试从县域扩大至省域。这些政策的实施，为多重医疗保障政策组合的实施创造了条件。

（二）医疗保障支付机制的实践模式

以基本医疗保险为核心的医疗保障制度有两个基本功能，一个是帮助保障对象分担一部分疾病经济负担，起到分散风险的作用，即"补需方"；另一个是，代表保障对象向医疗机构支付费用，购买价廉质优的医疗服务。因此，医疗保障有责任通过战略性购买监督医疗机构和医生的行为，促使其合理诊疗和用药，降低医疗费用，即"控供方"；其中最主要的杠杆是支付机制。

---

① 《贫困患者慢性病费用补充医疗保障"180"工程实施办法》，安徽民生工程，http://www.ahcz.gov.cn，2017 年 3 月 16 日。

因此，在健康扶贫中，通过适宜的支付方式以降低贫困患者医疗费用支出，应当成为贫困人口医疗保障制度建设的一个重要内容。然而，在实践层面，只有少数地区将"控供方"作为重要措施。

在吉林，《2017 年吉林省健康扶贫重点工作安排》中规定，加强新农合定点医疗机构监督管理，坚决控制贫困人口政策范围外检查项目和药品耗材使用，以医疗机构为单位，贫困患者目录外费用不得超过总费用的 10%，超出部分，由医疗机构自行承担[1]。同时推进以按病种付费为主，按人头付费、按服务单元付费等复合型付费方式。陕西省在健康扶贫中，注意从严控制非合规费用，县级和省市级定点医院非合规费用分别要控制在 5% 和 8%以内，超出部分由医院负担。甘肃省则通过"日通报"的方式控制不合规费用；同时，落实医保基金 60% 总额预付、40% 与医疗行为考核挂钩的支付方式改革措施，全省公立医院医疗费用增长幅度要控制在 10% 以内，建档立卡贫困人口不合规费用控制为零[2]。

在预测到医保和财政资金压力后，有些地区很快注意到"控供方"的必要性，如湖北省和广西壮族自治区，开始强调对医疗机构和医生行为的监管，严格控制目录外费用。

总体而言，当前实践中，健康扶贫医疗保障"控供方"的着力点主要是控制目录外费用；但从实施的地区上看，"控供方"的力度和范围都不大，这成为健康扶贫医疗保障政策体系的一个缺陷，当然，这与医保支付方式改革在全国的整体进程缓慢有密切联系。

四、我国贫困人口医疗保障制度建设存在的问题

关于贫困医疗保障制度建设的问题，有必要从两个层面来分析，一是针

---

[1]　《关于印发〈2017 年吉林省健康扶贫重点工作安排〉的通知》（吉卫发〔2017〕4 号），http://wsjsw.jl.gov.cn，2017 年 8 月 2 日。

[2]　《2018 年甘肃健康扶贫要做好这 9 件事》，光明网，2018 年 3 月 28 日。

对贫困人口的医疗保障政策特有的问题，即"哪些保障还没有到位"的问题；二是医疗保障制度体系自身发展的问题，即"哪些因素制约了体系可持续发展"的问题。前者具有特殊性，在脱贫攻坚进程中需要有针对性地解决；后者具有普遍性，需要立足于长远，提出系统性的解决方案，而后者的改善有利于前者的解决，是医疗保障制度体系发展的基础性问题，因此也应该被纳入健康扶贫医疗保障制度建设的分析中。

（一）贫困人口医疗保障制度建设的特殊问题

1.由制度的地区差异带来医疗保障待遇水平的不均衡

从各地医疗费用自付水平来看，地区之间存在较大差异，少数地区的自付水平偏高。这与各地医疗保障政策组合及衔接机制直接相关，也和当地财政能力和支持力度紧密联系，需要根据各地疾病谱、生活方式和医疗保障政策组合情况做具体研究。

2.重特大疾病的保障力度仍显不足

目前重特大疾病的保障思路并没有根本改变，仍然延续以往打补丁式的补偿方式，即通过建立新的制度来弥补现有制度保障不足的问题。虽然我国建立了医疗救助、基本医疗、大病保障、补充医疗、商业保险等多个制度，部分地区甚至有多达八九种医疗保障制度。但是，各种制度总体筹资水平有限。同时，各种制度或者存在门槛线或者存在封顶线等制度设计，且各种制度之间的内在逻辑和相互之间的关系并没有完全理顺，加之整体筹资渠道单一，稳定性和可持续性不足，这都造成了重特大疾病保障水平难以提高。部分群体仍然面临巨大的大病经济风险，一些大病患者不得不通过非制度化的方式获得经济帮助。

3.医疗保障支付机制的使用不足

医疗保障支付机制可以作为控制医疗费用的有效手段，但是，在现有的贫困人口医疗保障制度设计中，"控供方"实践偏少。同时，将控费重点放在"目录外费用"只能解决一部分问题。现实中，贫困患者小病大治、短病长治，门诊患者串换升格住院治疗、压床治疗、挂床住院等过度医疗风险大量存在。医疗保障制度在向贫困人口提供慷慨待遇的同时，有必要立足于卫生经济学成本—效益的角度，对医疗机构和诊疗行为进行科学干预。

4.贫困和人口老龄化给健康扶贫医疗保障带来双重挑战

"三个一批"行动计划实施以来，贫困人口中，患大病、慢病和重病的人口数分别为 196 万、608 万和 47 万，从年龄结构上看，60 岁以上老年人口有 475 万，占 55.8%；未来几年，我国农村人口老龄化仍将持续并加重。要实现精准扶贫，医疗保障一方面要解决贫困人口看得起病的问题，另一方面还要应对老龄化带来的慢性病发病率提升的挑战。

5.财政投入的可持续性可能遭遇困难

从 2017 年健康扶贫动态管理系统数据看，健康扶贫医疗总费用为 333 亿元，其中新农合为 210 亿元，大病保险为 15 亿元，医疗救助为 16.6 亿元，临时救助为 1 亿元，扶贫资金为 4.8 亿元，政府兜底为 18.5 亿元，医院减免为 1.3 亿元。仅医疗救助、临时救助、扶贫资金和政府兜底所支付的费用就占比 12%，而新农合和大病保险在筹资中又有相当数量的政府补贴，可见中央和地方财政投入在健康扶贫中占有重要地位，多数地方政府投入较大。

来自叙永县的调研反映，在健康扶贫医疗救助方面，2016 年资助贫困人口参保经费 475 万元，投入医疗扶贫附加险约 400 万元，卫生扶贫救助基金 50 万元，实施民政医疗救助和住院医疗费用帮扶单位及政府兜底补偿约 800 万元，共计 1725 万元。县级财政是否能够持续投入，关系到政策的延续性，建议关注建档立卡贫困户的数量变化对财政支出的影响。

（二）医疗保障制度体系的系统性问题

1.城乡医保整合对医疗保险基金产生冲击

首先，我国基本医疗保险存在重复参保现象。重复参保意味着重复缴费和重复补贴。医保制度整合后，重复参保现象将大大减少，从而减少了整合后制度的基金收入。

其次，城镇居民医疗保险和新农合保障待遇存在差异。在慢性病方面，城镇居民医疗保险和新农合在慢性病病种数量、起付线、报销比例和封顶线等方面差别较大。在住院待遇方面，两项制度在不同级别医疗机构的待遇也存在差别。城乡居民基本医疗保险制度整合如果按照"缴费就低不就高、待遇就高不就低、目录就宽不就窄"① 的方式，必然会出现整合后制度的慢性病病种增多，起付线下降和报销比例上升，住院待遇也上升，其结果自然是增加基金支出。同时，统筹层次提高，如果各区县医疗保险待遇也按照就高不就低的方式整合，必然会增加医疗保险基金支出。

再次，各地城镇居民医疗保险和新农合三个目录差异很大，尤其是药品目录差别巨大。通常而言，新农合三个目录远低于城镇居民。因此，整合后原新农合参合人员的报销目录大幅扩张，从而导致基金支出大幅增加。

最后，定点管理的统一也将导致基金支出增加。城乡居民医疗保险制度整合后，如果允许农村居民在城镇定点机构自由就诊，则与分级诊疗制度相冲突。同时，城镇基层医疗机构次均门诊和住院费用通常为乡村医疗机构的3倍以上，农村居民定点医疗机构的增多，会提高农民就医的医疗费用和报销费用。

总体上看，城镇居民医保和新农合整合后，将大幅减少重复参保，从而减少筹资总额；待遇水平和医保目录就高不就低，导致支出增加；定点机构的统一可能导致农村居民就诊向城市流动，增加医疗保险基金支出。医保基金收入减少而支出增加，健康扶贫政策对贫困人口实施降低起付线、提高报销比例，这些可能共同给城乡居民医保的基金安全带来巨大挑战。

2. 基本医疗保险支付方式的激励作用有限

健康扶贫财政投入压力和医保基金紧张虽然来自贫困人口数量的庞大和病种的复杂，但根源性的问题在于医疗保险对医疗服务机构的支付方式有没有发挥足够的激励作用，使后者主动控制医疗费用，提高医疗质量。

按病种付费、按人头付费、按床日付费、总额预算，以及广泛试点的DRGs付费都属于打包预付的一种表现形式，直接目的是避免按服务项目付费带来的高费用、低产出的不良激励，通过打包预付，激励医疗机构和医务

---

① 陈金甫：《推进城乡居民基本医疗保险制度整合　促进制度更加公平更可持续》，《中国人力资源社会保障》2016年第9期。

人员削减不必要的医疗成本。虽然打包预付的支付方式在我国得到广泛推广，但是其激励作用的发挥具有有限性，尚未实现支付方式改革的预期目标。

现有的支付方式改革对医生医疗行为的激励不足。主要原因在于支付方式并不是直接决定医生薪酬的唯一因素，还与医疗机构分配体制密切相关。同时，打包付费金额占医疗机构收入总额的比重还较低，无法有效激励医疗机构和医生转变诊疗行为。

3.非贫困人群的因病致贫问题保障不足

精准扶贫推动下，贫困户实现了精准健康扶贫，并获得了充分的保障，因病致贫问题基本得到有效的解决。但是，贫困边缘群体及非贫困户的因病致贫问题缺乏动态识别机制。一般只有因病陷入贫困后，通过一定程序和流程被评为贫困户后，才能够得到与贫困户挂钩的多个保障制度的保障。一方面，这个过程存在滞后性，后续补偿过程较长，往往使因病致贫的家庭在较长时间内处于贫困状态；另一方面与化解大病经济风险，免除人民对疾病的恐惧的初衷有悖，无法真正提供稳定的化解疾病风险的预期。

五、医疗保障政策体系的完善和对策建议

（一）继续鼓励医疗保障体系的"多层次"发展

疾病风险具有偶然性和反复性，在人口老龄化的背景下，还具有长久持续性，因此，在脱贫攻坚进入关键阶段的形势下，健康扶贫的任务尤为艰巨，不仅要解决当下贫困人口的疾病负担问题，还要考虑更长时期内医疗经济风险如何分散的问题，当前基本医疗保险和医疗救助均面临基金压力。

鼓励各地探索适合本地贫困居民的人口、经济特征的多元医疗保障体系。中央财政对经济欠发达地区给予适当支持，促进各层次医疗保障体系的有效衔接。同时，引导社会力量参与医疗保障体系的建设，增加医疗保障融资渠道和保障项目，建立政府、市场和社会团体的长效合作机制和利益分配

机制，保证多层次医疗保障制度可持续发展。

（二）平衡基本医疗保险"保基本"与健康扶贫"重点干预"

基本医疗保险的目的在于，通过将个人疾病风险在所有参保人中进行分散，来满足个体基本生活需要的目的，在全民医保的背景下，具有一定的普惠性。城乡居民医疗保险相较于城镇职工医疗保险而言，筹资水平较低，覆盖人群规模较大，这决定了其保障水平有限。

在健康中国战略下考虑健康扶贫工作，实质上是针对重点（弱势）人群的干预措施，具有一定的特殊性。贫困人口需要较高标准的医疗保障待遇，更加注重健康管理的质量。因此，有必要区分基本医疗保险和健康扶贫的任务，设计更多元的保障制度来重点保证健康扶贫任务的完成。同时，要完善基本医疗保险制度，防范普通人群因为疾病支出过高而陷入贫困。

（三）突出医疗保障的"健康"理念

在健康扶贫中，除了要重点解决已经患病贫困人口的疾病经济风险问题，还应该着眼于"未病"治理和"愈后"康复，即关注贫困人口的疾病预防和康复，保证少生病和少复发，切断"因病致贫""因病返贫"的根基。

2013年世界卫生组织报告提出了全民健康覆盖的概念，"全民健康覆盖"的定义是：所有人都应当享有所需要的有质量的卫生服务，包括健康促进、预防、治疗和康复等，并且不因利用这些服务而出现经济困难。全球性医疗卫生系统改革的根本目标在于实现"全民健康覆盖"[1]。而要实现这一目标，任何国家或地区的医改都必须致力于解决"可及性、质量和可负担性"三个关键问题[2]，其中，可负担性主要取决于建立全民覆盖的社会医疗保障

---

① 世界卫生组织：《2010年世界卫生报告·卫生系统筹资：实现全民覆盖的道路》（电子版），见 http://www.who.int/whr/2010/zh/，2010：ix。

② 孟庆跃主编：《卫生经济学》，人民卫生出版社2013年版。

体系①。

　　贫困人口的医疗保障理念也应该遵循"全民健康覆盖"理念，通过推进健康促进和预防，降低发病率；通过康复服务防止疾病再次发生。以医疗保险为核心的医疗保障制度有必要通过参量设计激励参保人和医疗机构主动增进健康。

（四）强化医疗保险付费的激励作用

　　医疗保险发挥激励作用的主要工具是支付方式。现有的支付方式改革正在由单纯注重费用控制逐渐转向质量提升。在健康扶贫背景下，基本医疗保险在医疗费用支付中发挥着最重要的作用，有必要借助支付方式经济杠杆的作用，激励医疗机构和医生为提升患者的健康水平而工作。研究并发挥医疗保障支付机制的激励传导机制，通过规范医务人员诊疗和健康宣讲，提升贫困人口的健康意识，改变不良的生活方式，达到降低医疗费用、提升健康水平的目的（见图2—5）。

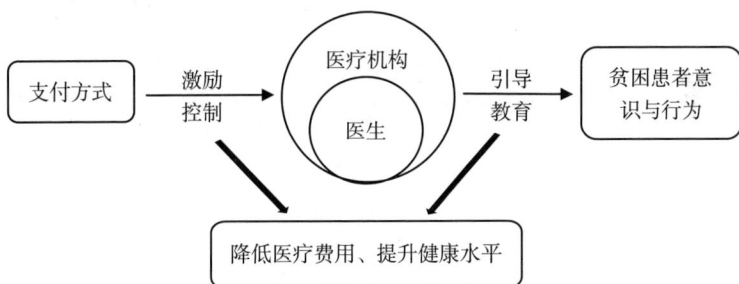

图2—5　支付方式激励在医疗服务供方和需方之间的传导机制

　　当然，支付方式改革是一个系统性工程。改革的关键在于将支付方式的激励施加至医务人员，而非医疗机构，因此需要实现支付方式改革与医生薪酬制度改革保持协同，实现医疗机构与医生的"激励相容"。

_____

① Carrin, G., Social Health Insurance in Developing Countries:A Continuing Challenge, International Social Security Review, 2002, Vol.55, No.22：57–69.

（五）建立以人为中心的整合型医疗卫生服务体系

医疗保障对于健康扶贫而言，最直接的效果是使患者看得起病，解决的是医疗服务"需求"的问题，如果没有一个合格的医疗服务系统，即没有有效的医疗服务"供给"，仍然不能达到健康扶贫的目的。因此，健全的医疗服务系统是医疗保障发挥作用的前提。

2008年，世界卫生组织给出了以人为中心的整合型医疗卫生服务体系（PCIC）的定义，指对医疗卫生体系内的各项资源进行重组和配置，在患者需要的情况下可以从中获取系统性、一体化的医疗卫生服务，产生理想的健康效果和相应的经济价值[1]。该体系具有以下核心特征：强化基层服务、关注患者健康需要、与卫生体系的其他部分整合[2]。PCIC包括至少四项战略目标：重新构建服务模式，特别是转变医院的角色，同时加强基层卫生服务能力；但普遍跨专业、跨学科，整合各级各类医疗服务；持续改善医疗服务质量；鼓励病患及家属参与到其健康管理及服务利用的临床决策中来。

基层卫生服务是整合型医疗卫生服务体系的基础。基层卫生服务为居民和社区解决健康问题，是建立以人为本的一体化服务的着力点。在健康扶贫中，如果贫困人口的大部分健康问题能在基层医疗机构解决，既能节省大量医疗费用，也能缓解因病致贫、因病返贫问题。

（执笔人：顾雪非、刘小青、王超群、李婷婷）

---

[1] World Health Organization, Integrated Health Services: what and why? Geneva: World Health Organization, 2008.

[2] 《"三方五家"医改报告联合研究》，2016年7月。

第三章 健康扶贫大病集中救治实践、
挑战与建议

2017 年，为贯彻落实《中共中央　国务院关于打赢脱贫攻坚战的决定》及《关于实施健康扶贫工程的指导意见》要求，在对建档立卡农村大病患者进行核实核准的基础上，国家卫生计生委联合民政部及国务院扶贫办开展农村人口大病专项救治工作，进一步加强各项保障制度政策的紧密衔接，减轻农村贫困大病患者的医疗费用负担，助力到 2020 年农村贫困人口如期脱贫。

在对部分省份农村贫困大病患者医疗救治救助情况深入调研的基础上，国家卫生计生委组织专家遴选了食管癌、胃癌、结肠癌、直肠癌、终末期肾病、儿童先天性心脏病、儿童白血病等疾病，在贵州等 8 省（区）启动大病的集中救治试点工作，并根据试点情况，经广泛征求各省卫生计生行政部门、医院管理者、相关专家、行业学会的意见后，于 2017 年 2 月 11 日由国家卫生计生委、民政部、国务院扶贫开发领导小组办公室印发了《关于印发农村贫困人口大病专项救治工作方案的通知》，通知要求到 2018 年年底前，组织对"健康扶贫管理数据库"里的建档立卡农村贫困人口和经民政部门核实核准的农村特困人员和低保对象中，罹患食管癌、胃癌、结肠癌、直肠癌、终末期肾病、儿童先天性心脏病和儿童白血病等大病患者进行集中救治。

对上述疾病实行单病种付费，控制费用总额，同时充分发挥基本医保、大病保险、医疗救助等制度的衔接保障作用，降低患者实际自付费用。有条件的地方，可以结合实际需求和医疗服务及保障水平，扩大专项救治的人群及病种范围。要求各地要建立救治台账，确定定点医院，制定诊疗方案，组织医疗救治，加强质量控制。同时，完善支付方式，实行单病种付费，发挥政策保障合力，推行"一站式"结算。加强救治对象数据信息的动态管理，以及相关政策的广泛宣传。

为进一步减轻农村贫困患者住院垫资压力，提高服务可及性和可负担性，助力健康扶贫，2017 年 2 月 24 日国家卫生计生委结合部分地方实践经验，组织制定并印发《国家卫生计生委办公厅关于印发农村贫困住院患者县域内先诊疗后付费工作方案的通知》。要求各地卫生计生行政部门加强与人力资源社会保障、民政等部门的沟通协助，建立健全医疗费用"一站式"结算制度。同时，加强对医疗机构的医疗服务监管和质量控制，完善诚信体系建设，加强对基本医保（新农合）基金的使用管理，保障基本医保（新农合）基金规范使用。为深入贯彻落实中央扶贫开发工作会议精神和习近平总书记健康扶贫重要指示精神，将因病致贫、因病返贫作为扶贫硬骨头的主攻方向，实行"靶向治疗"，在调查核实农村贫困人口患病情况的基础上，按照"大病集中救治一批、慢病签约服务管理一批、重病兜底保障一批"的要求，组织对患有大病和长期慢性病的贫困人口实行分类分批救治，进一步推动健康扶贫落实到人、精准到病，实行挂图作战，做到应治尽治，应保尽保，2017 年 4 月 12 日国家卫生计生委、民政部、财政部、人力资源社会保障部、保监会、国务院扶贫办联合印发《关于印发健康扶贫工程"三个一批"行动计划的通知》。2017 年 4 月 18 日，国家卫生计生委召开全国农村贫困人口大病专项救治工作启动会议。会议明确，实施农村贫困人口大病专项救治工作，是贯彻分类分批救治，实施"三个一批"行动计划，重点解决"大病集中救治一批"的问题。会议提出大病专项救治工作的目标任务：2017 年大病专项救治试点要覆盖所有贫困地区，2018 年覆盖所有农村贫困人口。到 2020 年，扩大到所有大病病种，并对患有大病的农村贫困人口实现救治全覆盖。

一、大病集中救治的主要做法与成效

各省（区、市）都非常重视农村贫困人口大病集中救治工作，在大病集中救治工作方面取得了一定的进展和成绩。截至 2018 年 6 月 30 日，根据中国人口与发展研究中心统计数据库显示，全国 9 种大病识别人数分别为：先天性心脏病 10613 人、终末期肾病 69709 人、白血病 4630 人、食管癌 31569 人、胃癌 48607 人、结直肠癌 46060 人。已救治人数分别为：先天性心脏病 9452 人、终末期肾病 67880 人、白血病 4372 人、食管癌 30108 人、胃癌 46269 人、结直肠癌 43449 人。需救治人数为 211188 人，救治完成率为 95.43%。（见表 3—1）

表 3—1　全国各地区农村贫困人口大病集中救治情况

（单位：人，%）

省份	需救治人数	已救治人数	救治完成率
全国	211188	201530	95.43
河北	12348	11942	96.71
内蒙古	6882	6843	99.43
吉林	5297	4847	91.50
黑龙江	3113	2379	76.42
河南	3637	3445	94.72
湖北	2593	2450	94.49
湖南	38226	37689	98.60
广西	1816	1271	69.99
海南	12166	11826	97.21
重庆	4994	4058	81.26
云南	22486	22118	98.36
西藏	19889	19051	95.79
甘肃	23193	21982	94.78
青海	8019	7823	97.56
宁夏	517	418	80.85
新疆	3108	2899	93.28

（一）组织部署方面

各省认真贯彻党中央、国务院关于全面打赢脱贫攻坚战的战略部署，对健康扶贫工作高度重视，把实施健康扶贫工程作为一项重要的政治任务，紧密部署，行动有力。在大病集中救治工作上，严格落实"一把手"责任制，省级卫生计生委及各县均以主要负责同志牵头大病集中救治相关工作，并建立部门协调机制，协同推进大病集中救治工作有序开展。2017 年 4 月 18 日，国家卫生计生委组织召开全国农村贫困人口大病专项救治工作启动会以后，各省份均已制定农村贫困人口大病专项救治工作实施方案及配套政策性文件，并落实责任，层层传导，确保政策落实、落地。

（二）宣传动员方面

各省积极开展系列宣传活动，通过召开全省健康扶贫工作电视电话会议、培训会，对全省贫困县（市）分管县长、卫生计生委主任进行 9 种大病集中医疗救治工作的宣传贯彻与培训，并对大病集中救治工作涉及的相关政策进行专题培训，确保工作落到实处。其中，广西等省区还通过新闻媒体、互联网、电视报刊等形式，向社会广泛宣传农村贫困人口大病集中救治工作的相关政策，提高群众知晓率。充分发动村医、计生专干等基层卫生计生人员，做好救治对象的宣传、组织工作。各乡镇卫生院、村卫生室等基层医疗卫生机构要充分发挥分类救治"前沿阵地"和"桥头堡"作用，在上级医疗机构的指导下，做好贫困人口的备案、宣传发动、基本医疗、健康管理等基础性工作。

（三）责任落实方面

多数省份已制定《农村贫困人口大病专项救治工作实施方案》，并结合自身实际，明确各方责任，确保健康扶贫各项政策落到实处。省卫生计生行政部门牵头负责农村贫困人口大病专项救治工作，会同民政、扶贫部门对农村贫困人口中罹患专项救治病种患者的信息进行核实；组织定点医院对患有大病的农村贫困人口开展集中救治；会同有关部门制定大病救治对象的保障救助政策，落实"一站式"服务。省人力资源社会保障部门负责完善相关医保政策；扶贫部门负责核实核准"健康扶贫管理数据库"里的建档立卡贫困人口数据，及时将核实信息提供给当地卫生计生行政部门；民政部门负责核实农村建档立卡贫困人口以外的农村特困人员和低保对象罹患专项救治疾病情况，及时将核实信息提供给当地卫生计生行政部门，并制定完善医疗救助政策，加大对贫困大病患者的救助力度；各级卫生计生、人力资源社会保障、民政、扶贫等部门负责督促各地落实该项工作，共同做好救治专项台账和数据信息的动态管理，并主动向党委、政府报告工作进展。鼓励有条件的市县对罹患专项救治疾病的建档立卡贫困人口实施疾病救治提供生活、救治经费补助。

（四）建立救治台账

各省卫生计生行政部门会同扶贫部门和民政部门，为"健康扶贫管理数据库"里符合救治条件的农村贫困人口建卡立档户建立台账，指定专人负责，按台账对相关病种的救治对象进行动态追踪管理。省内各地扶贫部门将"健康扶贫管理数据库"里符合救治条件的农村贫困人口的人口数据信息及时动态地提供给当地卫生计生行政部门和人力资源社会保障部门，建立专项救治台账。各地民政部门要对农村特困人口和低保对象罹患专项救治病种情况进行摸底排查并进行登记造册，及时将符合救治条件的人口数据信息提供给当地卫生计生行政部门和人力资源社会保障部门，建立专项救治台账。

（五）开展医疗救治

1.确定定点医院。各省按照保证质量、方便患者、管理规范的原则，确定各个病种的医疗救治定点医疗机构，定点医院原则上设置在具备诊疗条件的县级医院。对县级医院不具备诊疗条件的，定点医院设置在市级医院（或就近的市医院或省级医院）。如湖北省指定市级医院作为医疗救治定点后备医院，共确定87家定点医院，24家市级后备医院及7家省级后备医院。海南省所有市县均有一所省级水平医院或国家级水平医院一对一帮扶。远程会诊系统已覆盖所有省级公立医院和市县人民医院,贫困患者在市县即可通过远程会诊系统请省级公立医院进行会诊。同时要求各省级、市级定点医疗机构要开设绿色通道,优先安排农村贫困人口进行救治。各级定点医院间建立疑难重症病例会诊、远程会诊、双向转诊、定期巡诊等工作机制,通过对口支援、巡回医疗、派驻治疗小组等方式开展救治工作。如河南省农村贫困人口大病专项救治定点机构按照人力资源社会保障部门确定的医疗机构执行,涵盖省、市、县三级医疗机构。根据病种设置定点医院。如海南省食管癌、胃癌、结肠癌、直肠癌定点医院为海南省肿瘤医院;儿童白血病、重型地中海贫血定点医院为海南省人民医院;终末期肾病、儿童先天性心脏病定点医院为海南医学院第一附属医院;白内障定点医院为海南省眼科医院。省级定点医院负责对大病专项救治的疑难重症病例进行专业技术指导,以及开展专业质控工作等。

2.确定诊疗方案。各省要求各级卫生计生行政部门指导辖区内重大疾病医保定点救治医疗机构,认真执行国家卫生计生委和省卫生计生委发布的相关疾病诊疗指南规范、临床路径,结合本地诊疗服务能力,细化具体临床路径和诊疗方案,提高医疗质量,保障医疗安全。如甘肃各级定点医院将根据原国家卫生计生委相关疾病诊疗指南、技术管理规范以及省卫生计生委《关于印发甘肃省100个县级医疗机构分级诊疗病种和50个重大疾病分级诊疗病种临床路径的通知》相关病种临床路径,制定适宜的具体诊疗方案。海南省以"保基本,兜底线"为原则,优先选择基本医保目录内安全有效、经济适宜的诊疗技术和药品、耗材等,并按照《海南省建档立卡贫困患者住院控费暂行规定》有关要求,严格控制医疗费用。部分省份已根据病种成立大病专项救治专家组,由专家组为救治对象制定初步诊疗方案,明确疾病治疗方式。省级和市级定点后备医院和各专家组应通过远程医疗、对口帮扶、会诊查房、巡回医疗等方式为县级定点医院提供技术支持。如广西壮族自治区区级专家负责对市、县对口支援及技术帮扶进行指导;市级专家组负责组织制定各病种的具体细化诊疗方案;县级专家组根据各病种的诊疗方案要求,为每一位救治对象制定具体的救治方案，主要包括明确疾病治疗方式（手术、化疗、放疗等）、救治医院以及救治流程等。湖南省每家定点救治医院（含定点指导医院）根据定点救治病种，分病种成立救治专家组，救治专家组主要根据国家卫生计生委已发布的相关疾病诊疗指南规范和临床路径，结合医院实际，为每一位救治对象制定符合医院诊疗服务能力、具体细化的诊疗方案和临床路径，以及选用安全有效、经济适宜的诊疗技术和药品耗材等。

3. 确定单病种付费。各省为有效控制医疗费用，对纳入农村贫困人口大病专项救治范围的疾病，在定点救治医疗机构接受治疗时，实行单病种限价（限额）管理。河南省规定了 33 种住院病种和 10 种门诊病种的限制性规定及限价标准，涵盖农村贫困人口大病专项救治的 9 种重大疾病。广西壮族自治区将 9 种大病以及白内障纳入大病专项救治范围的病种，实行单病种付费管理，各市、县（区）参照自治区确定的 2017—2018 年各病种的医疗费用定额，进一步测算各病种医疗费用定额，实行动态调整。按临床路径科学确定各病种的单病种费用。甘肃省 50 种农村重大疾病实行单病种付费管理，各级基本医保管理部门需参照《关于印发〈甘肃省农村重大疾病新型农村合作医疗保障实施方案（试行）〉的通知》中各病种省级定点医院限额及新农合补偿支付标准，进一步测算确定市、县级定点医院限额及新农合补偿支付标准。在规范诊疗行为、强化质量监管的基础上加强临床诊疗费用的控制与管理。

4. 确定报销比例。河北、河南、云南等部分省份对罹患 9 种重大疾病的农村贫困人口，可享受城乡居民重特大疾病医疗保障待遇，不设起付线。河南的县级、市级、省级定点医疗机构的支付比例分别为 80%、70%、65%。贫困患者在享受重特大疾病医疗保障补偿后，按照大病保险、大病补充保险等有关规定享受相应补偿待遇。云南省将 22 类病种纳入重大疾病保障范围，由新农合实行按病种定额（或限额）付费，不设起付线且将报销比例提高到 70%，其中尿毒症和重性精神病患者报销比例提高到 90%。海南省建档立卡贫困人口住院不设起付线，同时提高新农合待遇水平，普通门诊和慢性病特殊病种门诊报销、住院患者报销比例均提高了 5 个百分点。湖南省通过城乡居民基本医保、大病保险、商业保险和医疗救助制度的紧密衔接，控制自付比例，将符合大病临床路径专项救治对象平均自付比例控制在10%以内。甘肃经现行基本医疗保险、大病保险报销后，自负合规医疗费用超过3万元以上的部分（不含3万元）大病保险再次给予按比例分段递增报销。报销比例为:0—1万元（含1万元）报销80%;1—2万元（含2万元）报销90%;2—5万元（含5万元）报销95%;超过5万元报销98%。报销金额上不封顶。

5. 加强质量管理。一是各定点救治医院切实强化医疗质量管理，完善管理制度和工作规范，按照相关病种临床路径和诊疗方案展开救治工作。发挥各相关临床专业省、市级医疗质量控制中心和省级临床医学中心作用，开展单病种质量控制，制定质控指标，加强业务培训，并进行定期考核评价，确保医疗质量和患者安全。二是各级卫生计生行政部门要成立相应临床诊疗专家组，指导大病救治诊疗工作。如湖北省卫生计生委组建了41名专家的重大疾病临床诊疗专家组，并要求市（州）级要参照省级成立相应专家组，制定完善医疗质量管理与控制相关指标，对定点医院提供技术支持与指导，开展质量管理、业务培训和考核评价等工作，保障医疗质量与安全。河南省要求各地也要组建重大疾病临床诊疗专家组，并建立疑难、重症病例会诊、远程会诊、转诊、巡诊机制，对定点救治医疗机构提供技术支持和指导，开展质量管理、业务培训等工作，确保农村贫困大病患者能够就近、便捷的享受到优质医疗服务。湖南省还建立省、市农村贫困患者大病救治医疗质量与安全督导机制。省、市卫生计生委分别成立农村贫困患者大病救治医疗质量与安全督导组，由医政管理干部、医院管理人员及医疗、护理、院感专家与临床药师、设备与耗材管理人员组成，定期对辖区定点救治医院医疗质量与安全进行督导检查，对存在问题予以通报、督促整改。另外，建立疑难重症病例会诊、讨论、转诊与巡诊机制。强化定点救治医院与对口支援医院或部省直医院沟通联系，通过远程会诊、病例讨论等方式对疑难重症病例开展针对性救治。对确需转诊患者，严格程序要求，确保规范有序。

6. 加强责任落实。各省要求各市县卫生计生行政部门根据台账登记的救治对象情况，有计划地组织医疗救治。充分发动村医、计生专干等基层卫生计生队伍，做好救治对象的组织工作。各定点医院要优化医疗服务流程，开通就医绿色通道，设置相对固定的病区（病房），必要时设置大病救治"扶贫专用病房"进行集中收治，配备临床经验丰富的医护人员，为农村贫困大病患者进行救治。有专人负责大病专项救治工作，并对外公布联系方式，保持通信畅通，遇危、急病人时直接沟通，及时收治转诊患者，同时按要求将患者救治信息反馈至患者属地卫生计生行政部门。如甘肃省采取分片包干到户办法，及时掌握贫困人口大病医疗救治需求并落实好人员组织工作。同时，各市（州）、县（市、区）卫生计生行政部门要按照《关于推进家庭医生签约服务的指导意见》相关签约服务内容和工作要求，优先做好甘肃省农村贫困人口大病患者的家庭医生签约服务工作。

（六）完善支付方式

1. 发挥政策保障合力。各省按照"先医保、后救助""先基本医保、大病保险，再大病补充保险，最后商业保险"的原则，充分发挥各项制度的衔接保障作用。对纳入农村贫困人口大病专项救治范围的 9 种疾病，单病种限价内的费用由医保基金、大病保险资金、大病补充保险资金、医疗救助和患者共同支付。对经新农合、大病保险补偿、医疗补充保险和民政救助报销后，贫困人口仍无能力支付的医疗费用，海南等省份要求由市县财政设立的专项资金进行兜底保障。河南省则对超过限价标准的医疗费用原则上由定点救治医疗机构承担，海南省由市县从医疗救助专项资金中支付。广西壮族自治区实施"三升一降一补充"医疗保障倾斜政策。实施贫困人口新农合个人缴费财政补助。提高贫困人口就医补偿比例、提高大病保险各分段补偿比例、降低大病保险报销起付线。提高大病保险制度兜底保障水平。加强与民政部门的保障政策衔接，将贫困患病人员纳入全区符合条件农村贫困人口全部纳入医疗救助和重特大疾病救助范围。社会慈善救助力量参与度不断深化。发挥红十字会慈善平台优势，推进各类爱心慈善项目。

2. 推行"一站式"结算。各省推行了"一站式"结算和"先诊疗后付费"服务。定点医疗机构设立"一站式"综合服务窗口，积极、统筹推进基本医保、大病保险、大病补充保险、医疗救助等"一站式"信息交换和即时结算。贫困患者入院时，须持社会保障卡、有效身份证件、扶贫部门出具的贫困证明或民政部门出具的低保、特困等相关证明（证件），到定点医疗机构"一站式"服务窗口办理入院手续，无须缴纳住院押金，直接住院治疗。医疗机构只收存社会保障卡和有效身份证明复印件。鼓励通过推进信息联网，实现贫困患者身份精准识别，减少提供相关证明材料的要求，方便群众。贫困患者出院时，按规定应由基本医保基金、大病保险资金、大病补充保险资金和医疗救助基金支付的费用，先由定点医疗机构垫付，患者结清个人应承担的费用后，医疗机构及时归还患者提交的相关证件。此外，河南省级医保经办机构和医疗救助基金管理部门积极探索完善医保和医疗救助基金预拨付制度，及时、足额向定点医疗机构预付、结算垫付资金，避免定点救治医疗机构长期垫付医疗费用而影响救治工作。海南省要求市县各级民政部门应积极与县级行政区域内新型农村合作医疗定点公立医疗机构协商，签署医疗救助定点服务协议，及时将建档立卡贫困人口纳入医疗救助"一站式"即时结算服务工作。

（七）加强信息管理

各省均要求各市县卫生计生、民政、扶贫等部门加强对救治对象数据信息的动态管理，组织辖区内定点医院及时上报救治救助信息，并做好数据统计分析工作，为开展医疗质量、安全及效率评价，持续改进相关工作提供数据支撑。市县卫生计生委要确定专人负责此项工作，按要求填报"全国健康扶贫动态管理系统"，对农村建档立卡贫困人口大病患者信息进行动态监测和更新，每月向省卫生计生委报送上月数据信息。省卫生计生委委托委统计信息中心具体承办农村贫困人口大病专项救治信息统计工作。广西还开展健康扶贫信息化平台建设，与扶贫、人社、民政等部门数据实现良好衔接，提供坚实的数据支撑，动员组织基层医务人员、村计生专干以及村医乡镇、村两委、驻村帮扶工作队等基层工作力量，建立健康扶贫台账，实现健康扶贫信息动态精准管理。

（八）各地大病集中救治创新

1.构建多部门协同联动机制。部分地区在农村贫困人口大病专项救治工作中建立了协调机制，形成了委内由医政医管部门牵头，规划财务、基层卫生、基层指导等相关业务处室和省医疗机构管理中心、省医学会等有关单位、各相关质量控制中心配合开展工作，委外由省卫生计生委牵头，省民政厅、人社厅、扶贫办、财政厅等部门协同联动的运行机制。如河南省、黑龙江省，各相关部门处室能够统一思想认识，协同联动，做到工作机构、责任人员和工作目标任务的"三明确"。河南省政府多次召开省卫生计生委、省人力资源和社会保障厅、省民政厅、省扶贫办、省财政厅等部门参加的协调会议，统一思想，明确任务，整合省人力资源和社会保障厅、省民政厅相关政策，全力推进大病专项救治工作顺利开展。黑龙江省协同省扶贫办、财政厅等16个部门共同会签了农村贫困人口大病集中救治实施方案。

2.精准救治，按病种设专家组，按病种付费。河南省和新疆维吾尔自治区均组建了省农村贫困人口大病专项救治临床专家指导组，有关专家针对食管癌、胃癌、结肠癌、直肠癌、终末期肾病、儿童白血病和儿童先天性心脏病等9种大病，分别成立相应病种的诊疗专家组，主要职责是开展质量管理和业务培训，对定点救治医疗机构提供技术支持和指导，承担巡诊督导等任务，保障医疗质量与患者安全。湖南省印发《关于规范部分新农合重大疾病按病种付费工作的实施意见（试行）》，明确新农合重大疾病实行按病种付费管理，将儿童先天性心脏病、儿童白血病、乳腺癌、宫颈癌、终末期肾病、重性精神病、耐多药结核病、农村聋儿人工耳蜗植入抢救性治疗、血友病、慢性粒细胞白血病、急性心肌梗塞、脑梗死、肺癌、食管癌、胃癌、结肠癌、直肠癌、I型糖尿病、晚期血吸虫病、艾滋病机会性感染、尿道下裂、苯丙酮尿症、唇腭裂、甲状腺功能亢进等24个病种（组）列入新农合重大疾病救治保障范围。

3.完善社保支撑机制，多渠道报销不设起付线。河北省对参加基本医疗保险的贫困人口，明确了18种普通慢性病和4种重大慢性病门诊报销不设起付线，封顶线15万元/人/年，提高报销比例达90%。提高基本医保住院报销比例，各级定点医疗机构住院医疗费用起付线降低50%，县内定点医疗机构住院合规医疗费用报销比例为90%，非转诊住院合规医疗费用报销比例为30%。大病保险住院医疗费用报销不设起付线，封顶线提高到50万元/人/年，县内定点医疗机构住院合规费用提高报销比例达90%。同时，对因患大病需要长期服药或需要长期门诊治疗，经基本医疗保险按政策报销后，合规医疗费个人年自付部分超过1000元以上的部分，医疗救助资金救助比例达70%，年度累计限额达2万元。住院救助不设起付线，年度救助限额达7万元，个人自付医疗费用在年度累计限额内救助比例达80%。经住院救助后，超出部分按90%比例救助，最高救助限额达20万元。河南省罹患9种重大疾病的农村贫困人口，可享受城乡居民重特大疾病医疗保障待遇，不设起付线，县级、市级、省级定点医疗机构的支付比例分别为80%、70%、65%。贫困患者在享受重特大疾病医疗保障补偿后，按照大病保险、大病补充保险等有关规定享受相应补偿待遇。

4.分片包干到户，定点指导，分类救治。吉林省贫困人口全面开展签约服务，依托国家基本公共卫生服务项目，免费为贫困人口进行健康体检；组织"万名医师健康扶贫巡回医疗活动"，省市医疗机构会同县、乡、村医务人员，按照"一人一策"原则，为每一名需要救治的对象制定诊疗方案。同时实施分类救治。一次性能治愈的，如白内障、小儿先天性心脏病，组织专家集中力量进行治疗；需要住院维持治疗的，如尿毒症、重性精神病，在就近有治疗能力的医疗机构进行治疗；需要长期康复治疗的，如高血压、糖尿病，由基层医疗机构在上级医疗机构的指导下进行定期治疗和康复管理。甘肃省各县级卫生计生行政部门充分发挥村医、计生专干、乡镇卫生院等基层卫生计生队伍作用，利用居民健康档案、家庭医生签约服务等制度条件，采取分片包干到户办法，及时掌握贫困人口大病医疗救治需求并落实好人员组织工作。

5.开展大病补充医疗保险。新疆生产建设兵团在南疆一师、三师、十四师开展困难群众大病商业补充医疗保险试点，资助困难群众每人每年20元参加商业保险，对于超过基本医疗保险最高支付限额以上的部分，商业补充医疗保险赔偿比例原则上不低于80%，年最高理赔金额可达8万元。六师为所有贫困人口购买了大病商业补充医疗保险，超过基本医疗保险最高支付限额以上的部分，由商业补充医疗保险赔偿。对贫困人口罹患食管癌、胃癌、结肠癌、直肠癌、终末期肾病等5种大病的治疗费用，先由师医院先行垫付，再由基本医疗保险和商业保险报销，剩余部分全部由师财政补贴，贫困患者不用再为看大病担心。

6.利用社会慈善资源，务实民政救助机制：河南各地民政部门按照有关规定对救治对象提供救助，对自付费用仍有困难的患者，积极引导社会慈善资源予以帮助。宁夏回族自治区卫生计生委加强立体合作，与区内外医疗集团和慈善机构建立"慈善通道"，弥补在医疗保障经费、社会救助资金等不足或部分边缘人群的特殊保障需求。

7.通过"源头预防"减轻患病风险：广西壮族自治区在国家"三个一批"基础上增加"源头预防"，2016年重型地中海贫血患儿出生减少了1297人，阻断艾滋病、乙肝、梅毒等母婴传播8.77万例，有效防止了家庭因出生缺陷儿返贫。

二、推进大病集中救治面临的挑战

（一）基层医疗卫生服务能力有待加强

部分省份属于经济欠发达地区，医疗基础条件薄弱、救治资源分配不均、医务人员配置不足，基层医疗卫生机构专业技术水平和服务能力不高，制约了健康扶贫工作的有序推进。如广西壮族自治区基层医疗卫生基础设施不健全，54个贫困县乡镇卫生院达标率仅为40.49%，明显低于国家规定的95%的要求，且DR、彩色B超等基本医疗设备普遍缺乏；基层医疗卫生人才匮乏，每千人中，农业人口乡镇卫生院执业（助理）医师数仅为 0.39 人，低于全国 0.50 人的平均水平，贫困县尤其突出。新疆生产建设兵团团场医院基础条件差、人员技术水平低，不具备 9 种疾病的诊治能力，部分师医院仅具备 5 种疾病的诊治能力，其他病种只有到乌鲁木齐救治，这就涉及了兵地医保和医疗救助问题，一是增加了贫困人口的救治费用，二是不便于开展"一站式"即时服务。

（二）扶贫对象基础性数据需要进一步提高精准度

大病救治对象识别还有待加强。国家于 2016 年 5 月份提供了因病致贫返贫人员摸底调查名单。当时提供给吉林省的名单是 55.3 万人，与吉林省 70 万人建档立卡贫困人口名单不相符。据反映，已开展的对 55.3 万人摸底工作中，有近 1/3 左右不在全省 70 万人建档立卡贫困人口当中。另外，2017 年的医疗救治人群扩大了民政部门确定的低保和特困人群范围，需要全面排查梳理。云南省建档立卡贫困人口中，因病致贫返贫的人口共 65.93 万，因病致贫返贫率仅占全省 471 万贫困人口的 13.9%，远低于全国 44.1% 的平均水平。同时，存在部分不是因病致贫返贫的贫困人口被纳入了健康扶贫数据库的情况，因病致贫核实率偏低，为 24.13%，救治对象精准度还有待加强。

（三）全国贫困人口大病救治信息系统有待进一步完善

由于各级扶贫信息平台与卫生计生信息平台在数据的时限、来源、要求等方面未能做到全面有效对接，造成部门间认定的因病致贫、因病返贫数据存在不一致的问题。如把民政部门农村低保对象纳入大病救治范围，农村低保对象与建档立卡贫困人口有交叉重叠，信息不对称、不统一，给精准对象又增加了难度。"国家健康扶贫信息平台"应及时维护更新建档立卡贫困人口信息与农村低保对象人员信息。此外涉及有关部门健康扶贫业务数据无法单独对贫困人口进行精准统计分析，一定程度上影响了健康扶贫工作开展及成效的评估。

（四）医疗机构与各项政策间的衔接机制需进一步加强

各项医疗保障救助制度之间，医疗机构和新农合、医疗保险、医疗救助经办管理机构之间的有效衔接机制仍须进一步强化。要充分考虑到全国绝大多数地区新农合已交人社部门管理，健康扶贫工作切实加强政策衔接（基本医保、大病保险、医疗救助衔接）和部门配合，建立工作联动机制，如新疆正在实施的新农合＋医疗救助"一站式"服务与商业保险的政策衔接有待推进，贫困人口住院"先诊疗后付费"工作亟须加强和推广。

（五）兜底保障能力仍须进一步加强

目前，尚未发挥政策叠加效应，虽然对贫困人口实行最大化的医疗保障倾斜政策，但因病致贫、因病返病的贫困人口，因地方财力、个人经济条件、患病病种、医药费用等方面的差异，实施兜底保障还面临着极大挑战。如甘肃省对于一些费用较高的重大疾病，虽然各项制度的报销、救助比例已经相对较高，但需要贫困群众自付的绝对金额仍然较大，各地政府兜底解决还面临一定压力。

（六）部分省（区、市）救助资金和人手短缺

新疆生产建设兵团由于维稳任务重，许多工作人员抽调驻村、结亲、支教、招商等，兵师团三级工作人员较少，抽调专门人员负责此项工作的难度较大。兵团作为中央一级预算单位，自身没有财政收入，兵团各级无财政，医疗救治资金全部来源于国家拨付。由于近年不断完善医疗救助政策的要求，扩大救助范围，取消救助起付线和病种限制，提高救助比例和封顶线，资助困难群众参保，医疗救助资金支出大幅增长，医疗救助资金缺口问题十分突出。

（七）部分省（区、市）提高报销比例存在困难

自 2016 年 9 月起，云南省新农合移交省人社厅管理，整合为城乡居民

医保，对农村贫困人口大病救治费用报销标准制定等由人社部门统一制定。人社部门为确保医保基金安全和医保政策的延续性，对临时提高某一病种报销标准存在困难，如：本次 9 类 15 种大病报销政策，执行报销比例即为新农合时期的 70% 的报销比例，对下一步扩大试点病种范围、提高报销比例存在一定的困难。

三、对策建议

（一）国家层面

1.加大对贫困省（区、市）的投入力度。中央财政扶贫资金分配政策，应增加因病致贫、因病返贫贫困人口规模、少数民族、边境地区等因素在中央财政补助项目资金分配因素中的权重，确保财政政策导向符合健康扶贫工作的需要。如充分考虑广西、西藏、新疆等自治区的特殊性，对这些地区制定一些特殊政策，确保大病扶贫工作可以顺利开展。建议国家参照教育部门的做法，设立专项资金，依照贫困人口因病致贫的疾病治疗、控制和维持需要的卫生服务资源与经费需求，向国家提出健康扶贫财政立项，规定地方政府配套政策，从资金上予以保障，充分发挥政府的兜底作用。

2.进一步完善多部门联动机制，形成合力。健康扶贫是一项系统工程，大病专项救治工作涉及人群范围广，单纯依靠卫生计生行政部门和计生专干等卫生计生队伍组织救治，工作任务重、难度大。建议加强与人社、民政和扶贫、财政部门的沟通，强化数据对接和政策衔接，明确健康扶贫工作牵头部门及各部门职责，按照部门职责分工，核实核准各类贫困人口罹患疾病情况，联合出台相关配套政策措施，有效推动大病专项救治等健康扶贫政策的落地实施。农村贫困人口大病专项救治的关键在于医保费用的报销，因此，建议国家卫生健康委在发文时会同人社部联发，便于各项医疗救治政策的落实。

3.精准化操作，加强国家层面有关数据的统一性。从国家层面协调部门间数据的衔接，确定健康扶贫数据的统计来源，明确数据统计口径，实现数据统一，促进部门间工作的协调发展。同时进一步完善全国健康扶贫动态管理系统相关功能。建议国家尽快出台农村贫困人口大病专项救治标准，对于如何脱贫，有效治疗给予明确规定，对于特殊人群的扶贫研究相关指导意见。

4.建立大病集中救治效果统一标准。从目前的情况看，部分地区对于如何能体现有效救治、在有效时间内救治到何种程度、慢病随访次数、9种大病手术和规范化放化疗次数等存在不一致的认识，建议从国家层面完成9种大病的救治效果标准，供各地区参考借鉴。

5.研究出台商业保险支持健康扶贫的指导意见。从国家层面研究设计商业保险的相关指导意见，在允许涉农资金投入健康保险、充分发挥商业保险行业优势等方面提供指导，为贫困人口基本医疗保险提供兜底保障。

（二）省（区、市）层面

1.进一步提高认识，尽快部署落实。各地区在农村贫困人口大病专项救治方面的进度不一，认识程度不一。实施健康扶贫工程是中央赋予全国卫生健康系统的一项重要政治任务，事关贫困群众的切身利益，事关脱贫攻坚事业成败。建议还没有印发相关实施方案的地区提高认识，提升工作的紧迫程度。

2.进一步落实合适核准要求。全面贯彻落实全国健康扶贫工作会议精神，将实施健康扶贫工程摆到更加重要的位置，推动落实各项任务，对照《关于实施健康扶贫工程的指导意见》重点任务，进一步对因病致贫、因病返贫人口进行核查核准，切实做到精准到户、精准到人、精准到病。

3.丰富宣传手段，进一步加大政策宣传力度。建议相关地区尽快落实文件内容，加大宣传力度，开展系列宣传活动，通过新闻媒体、互联网、电视报刊等形式，向社会广泛宣传农村贫困人口大病专线救治工作的相关政策，提高基层卫生计生行政部门、各相关机构及群众的知晓率。

4.进一步加强部门间沟通协调。进一步加强卫生计生、民政、财政等各级、各部门间的协调沟通，形成合力，推进相关系统间的互联互通，促进"一站式"结算真正落实到位，打通百姓就医报销的"最后一公里"，助推农村贫困人口大病转专项救治的有效开展。

5.进一步推进"先诊疗后付费"工作机制。进一步认识健康扶贫工作的重要性和紧迫性，将思想、行动统一到中央的决策部署上来，进一步增强责任感和紧迫感，对照《关于实施健康扶贫工程的指导意见》重点任务，真正推动贫困人口县域内住院实行"先诊疗后付费"服务工作的落实。以人民的利益、贫困人口的健康权益为出发点和落脚点，将实施健康扶贫工程打造成脱贫攻坚的重要民生工程，为脱贫攻坚提供健康保障。

6.进一步研究救治病种，充分发挥救助基金效益。目前的健康扶贫统计数据，未包括非建档立卡的农村特困人员和农村低保对象，也未包括绝大多数常见病、多发病、慢性病，一旦贫困人口患有这类疾病却无法得到有效医治的话，最终将有可能发展为重大疾病。建议各地区充分研究本地区的实际特点，结合实际情况充分发挥社会公益慈善和救助基金的作用。

7.注重创新，加强省内经验的交流学习。注重基层创新，发现并积极推广基层切实可行的做法，积极组织省内的经验交流会和座谈会，通过经验的发掘和提炼、典型案例的总结和推广等方式，广泛宣传健康扶贫工作主要进展和取得的实际成效，深度研究当前工作中的重点和难点，在省内营造了良好的舆论氛围，促进脱贫攻坚取得实效，保证工作效果的齐头并进。

8.将健康扶贫与深化公立医院改革有机结合。健康扶贫工作和深化公立医院改革均是我国医疗卫生行业面临的重大课题，二者不仅不可偏废，还需要相互促进。通过加强基层医疗卫生基础建设、抓实基层卫生人才队伍建设、完善转诊制度、开展健康知识宣教和健康管理等方式促进优质医疗资源下沉，切实提升基层的诊疗能力，减轻贫困人口的就医负担。

（执笔人：翟晓辉）

第四章　健康扶贫三级医院对口帮扶实践

为贯彻落实《中共中央　国务院关于打赢脱贫攻坚战的决定》，根据中央扶贫开发工作会议精神和健康扶贫有关要求，2016—2020年，国家卫生计生委、国务院扶贫办、国家中医药管理局、中央军委政治工作部和中央军委后勤保障部在全国联合组织开展三级医院（含军队和武警部队医院，下同）对口帮扶贫困县（指集中连片特殊困难地区县和国家扶贫开发工作重点县）县级医院工作，进一步提升贫困县县级医院服务能力，为减少因病致贫、因病返贫创造医疗条件。

一、任务目标

一是提升临床专科服务能力。支援医院根据受援医院功能定位和建设发展实际，结合当地卫生发展水平和医疗服务需求，采取"组团式"支援方式，向县级医院派驻1名院长或者副院长，至少5名医务人员组成的团队（中医医院可派驻3名）驻点帮扶，帮助受援医院开展日常诊疗服务，建立针对当地疾病谱的临床诊疗科目，加强近三年外转率排名前5—10位的临床专科能力建设，提升受援医院内科、外科、妇产科、儿科、急诊科常见病、多发病、部分危急重症的诊疗能力。受援中医医院还应提升针灸科、推拿科等中医特色科室的诊疗能力。同时，有条件的贫困县可以依托县级公立医院，建立医学影像、临床检验、消毒供应等中心，推动县域内医疗资源共享。

二是大力培养合格专业人才。结合县级医院骨干医师培训项目，通过"派下去""请上来"等方式，采取教学查房、手术带教、学术讲座等多种形式，每年为受援医院培训至少3名骨干医师或其他医学专业技术人员，有计划地为贫困县县级医院培养一批业务水平较高的技术骨干，使其人才队伍更趋合理。通过对口支援，显著提升县级医院卫生专业技术人员运用适宜技术的能力。

三是显著提高医院管理水平。支援医院帮助受援医院完善各项管理规章制度，加强医院和科室内部管理，提高受援医院管理法制化、科学化、规范化水平。支援医院为当地三级医院，可采取委托经营管理、医疗联合体等方式，由派驻人员担任贫困县县级医院院长或副院长、科室主任，建立紧密型上下联动机制。

四是方便人民群众看病就医。结合"万名医师支援农村卫生工程""东西部地区医院省际对口支援""国家医疗队巡回医疗""服务百姓健康行动"等工作，促进优质医疗资源向基层下沉，重点对建档立卡贫困户进行医疗帮扶。结合贫困县实际医疗需求，支援医院定期派出医疗队，集中解决贫困县疑难疾病和复杂手术；经常性开展医疗下乡，支援医院定期开展巡回义诊，为贫困县居民提供"家门口"的日常诊疗服务。

五是积极开展远程医疗服务。充分发挥远程医疗服务在优化医疗资源配置方面的作用，支援医院与受援医院建立远程医疗服务关系，通过远程医疗服务提高贫困县医疗服务水平和可及性。支援医院要积极开展远程会诊、远程查房、远程病理及医学影像诊断、远程继续教育等活动，不断提升受援医院医疗技术水平。支援医院和受援医院要充分利用社会扶贫网络平台，促进信息有效对接。

通过2016—2020年"一对一"的对口帮扶，计划实现如下目标：每年为受援医院"解决一项医疗急需，突破一个薄弱环节，带出一支技术团队，新增一个服务项目"；常见病、多发病、部分危急重症的诊疗能力显著提高；培养一批具有较高水平的临床专业技术人才和医院管理人才。贫困县县级医院医疗服务能力和可及性显著提升，贫困县至少有一所医院达到二级医院标准，30 万人口以上的贫困县至少有一所医院达到二级甲等水平；充分发挥县域医疗中心作用，为贫困县居民提供有效的基本医疗卫生服务。

二、工作进展和成效

（一）注重统筹部署

截至 2018 年 6 月，各省均按照国家卫生健康委关于三级医院对口帮扶贫困县县级医院工作要求，成立领导及组织机构，制定年度计划、工作目标和问责制度；推动受援县政府、县医院和支援医院签署对口帮扶协议，协调解决工作中存在的困难和问题；将帮扶任务与医院的创先争优、医院评审、医师定期考核、医务人员职称晋升等重点工作结合推进。

各受援省份均成立对口帮扶管理办公室，负责日常管理工作，将对口帮扶纳入医疗机构发展总体规划、建立目标责任制，实行绩效管理。如云南省通过印发《云南省卫生计生委办公室关于做好 2017 年三级医院对口帮扶县级医院工作的通知》，进一步明确了省、市（州）、县级卫生计生行政部门和支援医院、受援医院和帮扶专家的责任和年度工作目标，通过"云南省远程医疗县县通"视频网络不定期抽查及督查组现场检查的形式，对全省对口帮扶情况进行检查。协调对口帮扶的上海市卫生计生委及承担对口帮扶任务的三级医院与云南省受援医院及所在县政府签订对口帮扶责任书，统筹推进全省对口帮扶工作。定期组织召开全省项目进展报告会，对对口帮扶工作政策、内容、要求进行适当调整。各县卫生计生局实施对口帮扶目标责任制，定期研究、分析项目开展情况，及时协调解决工作中存在的问题。

各支援省份通过建立对口帮扶组织机构，制定《年度对口帮扶县级医院实施方案》，组织支援医院和受援医院签订对口帮扶责任书，共同推动对口帮扶工作。如上海市成立对口帮扶领导小组，市卫生计生委主要领导作为主要成员，协调各受援地区卫生行政部门和受援双方各医疗机构的相关工作，解决对口帮扶中遇到的困难与问题，并根据受援省云南省的需求及时调整帮扶目标。在上海市卫生计生委协调下，市政府将三级医院对口帮扶云南省贫困县县级医院工作纳入市年度对口支援项目统一管理，确保帮扶资金落实到位。同时，将对口帮扶工作作为卫生宣传的重点之一，组织全市核心媒体走进贫困地区，深入基层一线，挖掘典型事迹，利用信息简报、网站、视频、新媒体等途径及时报道先进的做法、经验、成效等。

（二）探索创新思路

各省份均在国家统筹部署下，结合各地的工作基础和实践经验，创新工作方法，探索切实可行的帮扶思路，切实提高帮扶成效。如吉林省在对口帮扶的基础上，继续开展巡回医疗活动。组织实施万名医师健康扶贫巡回医疗活动，中省直、市（州）、县（市、区）及乡镇卫生院开展巡回医疗活动，选派责任心强、业务水平高的医生直接深入乡镇、村屯，为因病致贫、因病返贫的人口和家庭面对面开展巡回医疗，仅 2017 年，全省、市、县、乡、村巡回医疗队共派出医生 1.4 万人次，诊疗患者 20.9 万人次。

河南实施"三个转变"：即由单一队员式帮扶向团队式帮扶转变，由单纯技术帮扶向医疗和管理综合水平提升转变，由派驻任务数量管理向实行帮扶责任目标管理转变。通过着眼于能力提升和适宜技术的开展，按照"院长负总责、队员当代表、团队做后盾"的原则，明确一个以派驻为主、动态补充为辅的支援团队，以受援医院需求为导向，以提升业务水平为目的，以履行支援协议为纽带，充分发挥派驻队员的"战斗员、联络员、协调员"作用，及时掌握受援医院需求，协调、研究解决具体问题，切实提高受援医院专业水平。

湖南省以影响老百姓健康和因病致贫、因病返贫的重大疾病为突破口，以帮扶医院优势专科为核心，综合同质化培训、远程医疗等手段，打造省市县专科专病专治联盟和专业医师服务团队。截至 2017 年年底，全省贫困县共建立各种形式医联体 194 个，其中医疗集团 31 个，县域医疗共同体 57 个，专科联盟 21 个，远程医疗协作网 85 个，覆盖 333 家医院。

安徽省积极推进远程医疗工作。支援医院和受援医院要充分利用远程医疗系统等现代信息技术手段，开展远程会诊、诊断、病理、教育、培训等工作，特别是要开展疑难危重病例远程会诊服务。要制定完善远程会诊制度规范，利用现代信息技术进步成果，充分发挥优质医疗资源辐射和带动作用。截至 2017 年年底，全年开展远程会诊 700 余例、远程影像诊断 5000 余例、远程病理诊断 200 多例、远程教育培训 200 余场（次）。

（三）工作有序开展

为全力做好帮扶工作，各省份均在财力、人力上予以大力支持。部分省份在中央财政资金保障基础上，还投入专项资金，推动对口帮扶工作顺利开展。2016—2017 年，贵州省、市、县三级政府共投入 30 亿元进行"5+2"县级医院专科建设。河北省每年投入 1000 万元省级财政资金，用于派驻医务人员补贴。广西壮族自治区每年安排 712 万元专项资金，与中央财政资金合并使用，推动对口帮扶工作开展。浙江省财政累计投入 6000 万元，用于支援医院派驻人员补贴和受援医院人员进修及专科建设经费。在实际帮扶工作中，派驻专家通过业务培训、教学查房及手术演示等方式推广新技术、新项目，提升受援医院医疗服务能力，并以接收受援医院医务人员免费进修的方式确保其自我造血能力提升。截至 2017 年年底，各省平均派出支援人员 3520 人次，累计承担支援地门急诊诊疗 3300 万人次，开展手术示教 45.5 万台，教学讲座 27.3 万次，教学查房 63.6 万次，培训基层医务人员 296.4 万人次，培养骨干医师 28.6 万名，疑难病例讨论 51.2 万次，义诊 241.8 万人次。同时，支援医院还注重借助远程病理诊断、远程影像诊断、远程会诊等信息技术手段，实现优质医疗资源下沉，协助推动受援医院专科建设。

（四）基础设施明显改善

随着重视程度的不断提高和帮扶工作的深入推进，各省份均注重加强基础设施设备投入，受援医院基础条件得到极大改善。部分省份及支援医院还设立专项资金，用于受援医院基础设施建设和设备器械的购置。如海南省每年为每家县级医院安排了 100 万—300 万元能力建设资金，用于保障派驻专家在受援医院开展新技术、新项目所需设备的购置。贵州省投入 7.2 亿元，为全省 291 家县级以上公立医疗机构和 1543 家基层医疗卫生机构统一配发远程医疗视频接入设备，通过卫生专网接入平台，实现省、市、县、乡四级公立医疗机构远程医疗服务全覆盖。江西省整合 4000 万元项目资金，打造依托省直医院的远程医疗系统和覆盖全省 80 家县级综合医院的基层远程医疗系统。湖南省投入 1.15 亿元，利用 3 年时间，为 51 个贫困县的 102 家县级医院建设远程诊室，形成覆盖所有贫困县的远程医疗协作网。黑龙江省引入社会资本，完成了 29 家三级医院与对口帮扶 28 个贫困县 56 家县级医院的远程医疗软件部署和网络连通"全覆盖"。四川省德阳市人民医院投入 40 万元专项资金，帮助受援的西昌市人民医院建设血液透析室。广西医科大学第一附属医院为 15 家县医院及患者赠送了近 12 万元的药品和器械。

（五）专科建设快速发展

在对口帮扶各方的共同努力下，贫困县县级医院专科建设得到了快速发展，打造了一批在当地具有一定影响力的重点、特色专科。截至 2017 年年底，平均每省份新建学科 128 个，开展新技术、新项目 448 项。在云南省昆明市第一人民医院对口帮扶下，东川区人民医院顺利建成重症医学科，并成功申报省级临床重点专科建设项目。湖南省在 2017 年投入财政资金 3200 万元，用于贫困县县级医院肿瘤科和新生儿重症监护室建设；并启动胸痛中心、卒中中心建设，2017 年急性心肌梗死介入治疗救治人数同比增长 210%，救治时间缩短至 90 分钟以内，急性缺血性卒中静脉溶栓率由 1.4% 提升至 8.98%。河南借助医联体建设推动对口帮扶医院学科发展，全省组建多种形式的医联体 266 个，为县医院新建临床专科 116 个。安徽省重点加强对受援县级医院近三年县外转诊率排名前 5—10 位的临床专科的能力建设，两年来共帮扶了近 200 个临床专科。

（六）人才队伍不断加强

支援医院及派驻专家充分发挥优质医疗资源的辐射带动效应，推动贫困县县级医院医疗人才队伍建设，提升专科团队整体能力和水平，打造一支"带不走"的医疗骨干队伍。截至 2017 年年底，平均每省份培训基层医务人员 9.56 万人次，培养骨干医师 9237 名。四川省 2018 年共有 1934 名派驻专家与 4372 名跟学人员签订"师带徒"协议，言传身教，不断提升受援医院医务人员的能力水平。宁夏每年投入 700 余万元，用于贫困县县级医院医疗人才培养，累计培训骨干医师 128 名。河南省实施了县（市）医院骨干医师培养"515 行动计划"，每年投入 1000 万元，为 100 家县级医院培养 1000 名骨干医师，截至目前，已有 5433 名人员完成培训返回原单位工作。重庆市在 2018 年争取了 800 万元社会资金，在全市各区县和基层医疗卫生机构开展以学习教育、培训交流、人才输送、医技指导和适宜技术推广等为主要内容的"提升基层医疗服务能力专家行动"。

（七）医疗能力显著提升

通过持续对口帮扶工作，贫困县县级医院的医疗服务能力得到显著提升。2017 年，各受援医院平均收治病种数量达 1063 种，较 2015 年增加 252 种；开展手术及操作 593 种，较 2015 年增加 96 种；住院患者平均住院日 8.7 天，较 2015 年缩短 0.4 天；床位使用率 89.7%，较 2015 年增长 3.7 个百分点；入出院诊断符合率 97.6%，较 2015 年增长 0.6 个百分点；微创手术占比 15.4%，较 2015 年增长 3.2 个百分点。内蒙古自治区 17 家贫困旗县医院成功创建二甲综合医院，林西县医院晋级三级综合医院。四川省 52 家受援医院通过二级甲等评审，13 家受援医院通过三级乙等评审。陕西省 40 多个县的县域内就诊率超过 90%。山西省县级医院 2017 年总诊疗量同比增长超过 10%，临县和五寨县等部分县的县级医院业务收入达到 2015 年的 2 倍以上。

三、存在的问题和困难

（一）帮扶任务有待进一步落实

一是帮扶规划仍须完善。部分受援医院对自身发展规划以及计划开展的新技术新业务、需要提高的医院管理短板等具体问题的目标还不够清晰，对通过对口帮扶实现重点专科及人才梯队建设缺乏长远目标。例如，根据《关于开展三级医院对口帮扶贫困县县级医院和农村贫困人口大病专项救治工作现场督导检查的通知》有关工作安排，国家卫生健康委医政医管局于2018年5月组织了10个专家组，赴河北、山西、内蒙古等29个省（区、市）的80个县级医院，对相关工作情况进行督导检查。督导期间发现，少数受援医院没有根据自身医疗服务能力短板及专科建设发展需求制订详细的工作计划及管理考核办法，对于通过对口帮扶工作需要解决的问题和达到的目标不够清晰，无法有针对性地提出对帮扶专家及其履行职责的需求，不利于支援医院充分借助其学科及管理优势，有针对性地开展帮扶指导，达到补齐受援县医院医疗服务能力短板的目的。

二是帮扶要求有待全面执行。部分单位未按照国家关于派驻人员不少于5人，且在受援医院连续工作6个月以上的规定开展帮扶工作。例如部分高海拔地区考虑到气候环境等多种因素的影响，各地支援医院开展对口帮扶工作时，每批次均不超过3个月。帮扶专家在充分适应受援医院科室环境，了解专科发展需求，厘清具体帮扶思路后，再实际开展有针对性的帮扶工作，受制于时间和患者数量的限制，所取得的成效多不突出。由于对政策的理解不透或有所偏差，个别三级医院在对口帮扶县人民医院时，每批次的派驻时间也仅为3个月。少数三级医院对口帮扶时，甚至没有安排现场帮扶。某些受援县人民医院计划将帮扶专家任命为挂职副院长，协助提升医院综合管理能力，然而，帮扶专家在挂职即将结束时，任命文件仍未下发，造成帮扶专家无法在相关职位上发挥有效的管理作用。个别三级医院未按照国家关于选派高年资主治以上职称人员参与对口帮扶工作的要求，绝大多数派驻人员为住院医师，受制于能力和水平的限制，无法全面承担对受援医院的指导和专科建设的发展需求。

三是帮扶纪律有待加强。在对口帮扶工作的开展过程中，也存在一定的形式主义。部分受援医院由于对自身专科建设发展和定位不够清晰，专家在受援医院的工作相对松散；同时，受援医院出于人情交往、业务往来等多方面的考虑，没有对帮扶专家进行严格的考勤管理，不能有效约束派驻专家按照规定在受援医院扎扎实实开展工作，致力于专科建设和发展。部分单位脱岗、长期不在岗的现象也偶有发生，少数专家仅教学查房几次，便返回原单位工作，不仅没有在对口帮扶工作中发挥应有的作用，反倒引起了受援医院科室医务人员的反感和抵触心理，同时，在支援医院中也产生了负面效应，不利于整体帮扶工作的开展。

（二）帮扶工作仍须细化

一是专家职责需进一步明确。少数受援县人民医院由于没有对派驻专家提出明确的职责任务和绩效考核指标，未给专家带来足够的压力和动力，从而就不能调动其开展新技术、新业务的积极性。部分受援医院均未开通派驻人员医生工作站，无法独立开展临床诊疗工作，仅以学术讲座等形式进行指导，造成专家资源的浪费。部分省份多家医院由于专家未在处方、病历及手术记录等医学文书上署名，工作量及工作成效的统计无法在医院信息管理系统中进行溯源，不利于对支援专家及其工作开展科学、客观、公正的考核评价。

二是政策保障和激励措施有待加强。支援医院同时承担多项帮扶任务，每年派出多达十几名专家，给医院和科室的正常运行带来巨大压力。如上海某医院2017年除对口帮扶外，还承担了中组部援疆、援藏、援宁夏任务及共青团"扶贫助困情暖蒙自"活动，累计派出专家多达17人次。同时，受援医院帮扶需求量巨大，期望值较高，学科相对集中，导致支援医院部分专科副高以上职称的专家无人可派。个别省份将派驻周期定为两年，青年专家普遍担心对个人学术成长产生影响。此外，部分医院对派驻人员在职业发展、经济待遇等方面缺乏足够的激励措施，极少数医院派驻人员甚至出现收入水平降低的现象，这严重影响支援医院专家的积极性。

三是远程诊疗运营模式有待完善。尽管绝大多数县医院均已建成远程诊疗中心，并能够与上级医院对接，开展远程诊疗工作，但绝大多数医院仅以远程会诊为主，且数量非常有限。对于县级医院能力提升帮助更大，也使得医院所迫切需要的远程病理诊断、远程影像诊断等，受制于资金投入较大、技术人员不足等多方面原因，仅在少数县医院部署实施。此外，多数省份没有出台远程诊疗收费标准和医保支付政策，医院之间也没有明确的远程诊疗收入分配机制，且多以免费形式开展。由于远程诊疗需要双方医院在日常工作基础上，额外投入大量的时间和精力，在没有任何激励机制的前提下，双方医务人员的积极性普遍不高。此外，省内三级医院对口帮扶的县级医院，由于担心远程会诊后患者转向大医院的意愿进一步增加，甚至会对远程诊疗产生一定程度的抵触心理。以上均是造成远程诊疗开展率普遍偏低的原因，通过远程诊疗的形式实现优质医疗资源下沉，进一步提升县医院临床诊疗能力的初衷未能全面实现。

（三）帮扶成效与目标之间仍存在一定差距

一是帮扶精准性和专科能力有待进一步提升。帮扶不够精准是造成专科能力不能得到有效提升的重要原因之一。部分支援医院在选派帮扶人员之前，未充分调研，对于受援地区疾病谱、受援医院专科发展现状了解不全面，选派人员的专业方向和专科特长与受援医院和当地群众的实际需求不完全一致，导致对口帮扶工作不能有效满足受援医院专科发展和贫困地区群众实际就医需求。此外，支援医院专科诊疗范围设置精细，与受援医院现有学科需求无法做到精准匹配，专家擅长领域的患者有限，优势不能得到充分发挥，造成资源闲置，帮扶科室的医疗服务能力不能得到显著提升。

二是临床专科发展与群众需求仍有一定差距。部分受援医院临床专科发展不平衡的现象依旧存在，受援医院在制定对口帮扶需求时，优先选择效益突出的普外科、骨科、心血管内科等专科，侧重介入、内镜等技术的开展，而对发展常见多发疾病为主、患病人群同样庞大的呼吸科、消化科、感染性疾病科等科室的意愿相对较低，难以全面满足县域患者的诊疗需求，医院整体功能有待完善。

三是基础保障和帮扶目标需进一步衔接。受援医院条件薄弱，不能够为派驻专家创造适宜的工作条件。绝大多数受援医院设备购置的资金压力仍然较大，不能完全满足派驻专家开展新技术、新项目时对设备和器械的需求。加之受援医院专业技术人员数量不足，业务水平有限，较难满足专家对诊疗团队的要求，导致专家能力无法充分得到发挥。此外，医院规模的限制，也对帮扶成效产生了一定的影响，个别医院随着新技术、新项目的不断开展，医疗用房紧张问题逐渐凸显，收治能力难以进一步提升。

四、下一步工作打算

目前，国家及各省份在三级医院对口帮扶贫困县县级医院相关工作上，从人力、财力等方面给予了充分支持。各受援地区及单位应进一步加强统筹规划，以便有效满足广大群众医疗服务需求为目标，立足实际，充分借助三级医院优质医疗资源，努力补齐县级医院医疗服务短板，进一步提高医疗服务能力和水平。

（一）统筹整合帮扶资源

各地应进一步做好三级医院对口帮扶贫困县县级医院的规划和管理工作，将不同部门牵头开展的帮扶活动进行整合，统筹管理，避免九龙治水、多头管理，造成一部分受援医院因帮扶资源过剩造成闲置和浪费，另一部分受援医院则存在帮扶资源不足的现象。通过建立完善的医疗对口帮扶制度，根据各贫困县医院医疗服务能力短板和建设发展需求，统筹协调和分配帮扶资源，在确保受援医院帮扶需求的基础上，实现帮扶资源的合理使用，力求取得最佳帮扶效果。

（二）充分发挥医联体在对口帮扶工作中的作用

各地可在现有对口帮扶工作的基础上，进一步探索对口帮扶的新形式和新机制。积极探索贫困县县级医院与支援医院间的医联体建设，充分依托三级医院重点专科、优势专科，以科室托管或者医院整体托管的形式，构建覆盖省、市、县三级以上医院的专科、专病医联体，建立双向转诊平台，为医联体成员单位提供疑难危重病人双向转诊、住院绿色通道、专家号源预约等服务，努力调动和发挥支援受援双方的积极性。

（三）完善县级医院人才队伍建设机制

一是改善用人机制。进一步放开医务人员招聘权限，简化人才招聘、引进程序，提高基层医疗卫生机构的用人自主权。对基层医务人员职称晋升、教育培训、薪酬待遇和生活保障等给予倾斜照顾，破解基层招人、留人、用人瓶颈。二是加大医学人才订单式培养。地方医学院校可适当扩大针对贫困地区的招生比例和规模，在充分考虑贫困县县级医院功能定位以及专科建设发展需求的基础上，合理调整专业设置，增加急需紧缺专业人才培养。三是完善绩效分配制度。结合不同岗位医务人员的工作性质和特点，建立符合医院实际的绩效分配制度，适当扩大绩效收入占比，落实编外聘用人员与正式职工同工同酬，充分调动医务人员的积极性。

（四）精准推进帮扶工作落实

一是推动受援医院专科建设科学发展。在帮扶专科的选择上，既要考虑受援医院优势专科建设发展，又要兼顾医院整体功能定位，着力加强对常见病、多发病、地方病、重点传染病以及急救等相关科室的帮扶力度，充分满足贫困地区广大群众的实际就医需求。二是在帮扶专家的选派上，支援医院与受援医院应进一步加强沟通，支援医院应在全面了解受援医院科室疾病谱以及对新技术、新项目实际需求的基础上，有针对性地选派优秀人员，确保其专业特长与受援医院学科建设发展需求精准匹配，使专家的技术优势得到充分有效发挥。三是做好帮扶资金的精准使用。为确保优质医疗资源能够在受援医院充分发挥作用，应重点增加派驻专家开展手术操作必备设备和器械的购置，并配合建立专业技术团队，为帮扶专家推广新技术、开展手术项目创造条件。

（五）积极探索远程诊疗运营模式

一是由物价部门根据当地经济发展状况和物价水平，结合医院远程诊疗项目开展情况，尽快制定出台相应的收费标准，确保远程诊疗收费有章可循，避免医院在该项工作上投入产出不平衡，实现远程诊疗的可持续性。二是尽快将远程诊疗纳入基本医保报销目录，在实现三级医院优质医疗资源服务基层的同时，不增加贫困地区群众的就医负担，提升远程诊疗的服务质量。三是在远程诊疗系统建设和运行维护上引入第三方运营模式，最大限度地降低地方及医院的资金压力和负担，并确保远程诊疗系统能够时时处于最佳的使用状态。四是建立合理的收入分配机制，充分调动支援医院、受援医院和第三方系统建设单位的积极性，最大限度地提高远程诊疗系统的使用率，为贫困地区群众提供更多的优质医疗服务。

（执笔人：刘俊峰）

第五章　健康扶贫基层基础建设、问题与建议

　　为落实《关于支持深度贫困地区脱贫攻坚的实施意见》要求，深入贯彻落实党的十九大精神，深入贯彻落实习近平总书记扶贫开发重要战略思想和在深度贫困地区脱贫攻坚座谈会上的讲话精神，深入贯彻落实党中央、国务院深度贫困地区脱贫攻坚决策部署，坚持精准扶贫精准脱贫基本方略，聚焦"三区三州"等深度贫困地区的因病致贫、因病返贫问题，国家卫生健康委员会办公厅出台了《关于坚决完成深度贫困地区健康扶贫任务的实施方案》，要求要突出解决基层医疗服务能力提升等短板问题，夯实基层基础工作，到2020年实现医疗卫生人才总量明显增加，人才结构明显优化，县级医院常见病、多发病、部分危急重症的诊疗能力显著提高，乡镇卫生院医疗能力明显增强，村医网底队伍稳定巩固，基本满足当地群众医疗卫生服务需求。加强基层基础建设，提升基层服务能力，加强卫生人才培养，优化人才结构是打赢健康扶贫攻坚战的关键一步。

　　健康扶贫工作开展以来，在服务体系建设和服务供给方面，为改善医疗机构服务条件，提高医疗机构服务水平，中央和各级政府在改善医疗卫生机构设施条件方面，按照"填平补齐"原则，加快推进县、乡、村三级医疗卫生服务机构标准化建设，力争使每个贫困县达到"三个一"目标；在人才综合培养和利用方面，向人才培养项目上重点倾斜，支持贫困地区增加适用人才的供给；在三级医院对口帮扶县医院方面，以贫困县医院服务能力提升为目标，以重点专科建设及临床专业技术人才和医院管理人才队伍建设为重点，每年为受援医院"解决一项医疗急需，突破一个薄弱环节，带出一支技术团队，新增一个服务项目"，全面提升贫困县县级医院服务能力，组建国

家医疗队，定期赴贫困地区开展义诊和巡回医疗工作，让贫困地区群众在家门口就可以享受到国家级医院专家的服务；在加快发展远程医疗服务方面，全面建立从三级医院到县医院互联互通的远程医疗网络，充分利用远程教育和远程会诊，提高基层医疗卫生服务效率和服务质量，实施"互联网＋健康"扶贫，开展应用试点项目，创新健康扶贫机制和形式，逐步推广，提高贫困地区医疗卫生信息化、智能化水平；在创新医疗机构管理机制方面，实施以县级医院为龙头、乡镇卫生院为枢纽、村卫生室为基础的县乡村一体化管理，构建三级联动的县域医疗服务体系。通过上述综合措施，进一步推动医疗资源下沉，提升基层医疗卫生服务能力，加快补齐贫困地区医疗卫生服务能力短板。

2015 年以来，国家卫生健康委扶贫办一直对贫困地区医疗卫生机构发展情况进行监测，本书将对 2015—2016 年贫困地区基层医疗卫生机构服务提供情况进行分析和总结。

一、贫困地区服务体系现状

2016 年，贫困地区 832 个贫困县的平均总面积为 4436.58 平方公里，地理地貌主要以山地为主，占比为 65.43%，丘陵和平原占比分别为 16.13% 和 12.68%。各贫困县平均拥有乡镇个数 15 个，拥有行政村个数 204 个。贫困地区的常住人口为 37.51 万人/县，低于全国平均水平 48.50 万人/县。832 个贫困县平均人口密度为 84 人/平方公里，人口密度较小，平均每个县的全年地区生产总值为 86.02 亿元，经济水平较低。因此，山区、偏僻、集中连片、人口密度小、经济水平低是贫困地区的显著社会特征。

总体来看，贫困县卫生资源总体不足，质量差，县域内医疗卫生机构服务能力不高，县级医院服务能力不足，贫困地区内部区域不平衡等问题依然突出；从基础设施建设情况看，贫困地区基础设施配置不足，地区之间差距较大，配置不平衡，卫生人力资源缺乏，人才引进和人才培养困难也是制约贫困地区医疗卫生事业发展的短板。

（一）医疗卫生机构基本情况

1.贫困地区基层医疗卫生机构数量情况有所增加

2015 年 832 个贫困县平均每个县共有医疗卫生机构 281 个，其中医院 3 家，专业公共卫生机构 3 个，乡镇卫生院 18 家，村卫生室 257 个；2016 年贫困地区每个县共有医疗卫生机构 237 个，其中医院 4 家，专业公共卫生机构 5 个，乡镇卫生院 18 家，村卫生室 210 个。2016 年贫困地区医疗卫生机构总数量平均水平较 2015 年有所减少，县级医院和专业公共卫生机构数量都有所增长，但仍然低于全国平均水平，说明随着健康扶贫工作的推进，贫困地区医疗机构设置得到进一步规范，医疗水平较高的综合医院得到补充，专业公共卫生机构也获得了发展，并对村卫生室进行了整合和规范，所以数量有所下降，贫困地区居民就医得到了进一步保障。

表 5—1　贫困地区医疗卫生机构数量情况

（单位：个）

地区	卫生机构	医院	专业公共卫生机构	乡镇卫生院	村卫生室
全国县级平均 2016 年 *	297	5	6	13	273
贫困地区县级平均 2015 年★	281	3	3	18	257
贫困地区县级平均 2016 年	237	4	5	18	210
六盘山区	261	3	2	18	238
秦巴山区	358	4	9	30	315
武陵山区	323	4	5	23	291
乌蒙山区	269	5	3	23	238
滇桂黔石漠化区	141	3	6	18	114
滇西边境山区	93	6	3	11	73
大兴安岭南麓区	165	5	4	16	140
燕山—太行山区	282	5	4	17	256
吕梁山区	182	4	4	14	160
大别山区	391	5	5	22	359
罗霄山区	341	3	4	20	314

（续表）

地区	卫生机构	医院	专业公共卫生机构	乡镇卫生院	村卫生室
西藏自治区	25	2	2	9	12
四省藏区	65	3	2	15	45
新疆南疆三地州	171	3	2	15	151
非连片贫困地区	308	4	7	19	278

注：* 数据来源于 2015—2016 年国家卫生统计年鉴。

★ 数据来源于 2015—2016 年贫困地区卫生计生事业发展现状研究报告。

表5—2 深度贫困地区医疗卫生机构数量情况

（单位：个）

地区	卫生机构	医院	专业公共卫生机构	乡镇卫生院	村卫生室	没有卫生室行政村个数	空白村比例（%）
2015 年贫困地区	263	3	3	18	239	25	11.68
2016 年全国 *	248	5	6	13	224	—	—
怒江州	78	2	2	8	66	0	0
凉山州	258	4	2	34	218	40	17.97
临夏州	195	4	4	18	169	14	9.70

注：* 数据来源于 2016 年国家卫生统计年鉴。

但从深度贫困地区情况看，深度贫困地区医疗卫生机构总数均低于全国贫困地区平均水平，西藏自治区平均每县仅有 38 个医疗卫生机构，其中县级医院 2 家，县级专业公共卫生机构 2 个，乡镇卫生院 9 家，没有村卫生室的行政村占比达到 72%。四省藏区空白村占比也较高，占到 27%；凉山州空白村的比例也达到近 18%。

2. 贫困地区基层医疗机构床位配置状况有所改善

基层医疗机构卫生资源改善是贫困地区医疗卫生能力提高的重要保证。2015 年，贫困地区县域内每千人拥有床位数为 3.70 张，县级医院每千人拥有床位数为 1.96 张、乡镇卫生院为 1.13 张，民营医院为 0.61 张；到 2016 年，贫困地区县域内每千人拥有床位数增长到 3.87 张，县级医院每千人拥有床位数增长到 2.02 张、乡镇卫生院增长到 1.23 张，民营医院为 0.62 张，每千人拥有床位数逐渐增长。

	县/市/区级医疗机构	乡镇卫生院	村卫生室
非连片贫困地区	32.84%	27.36%	39.80%
新疆南疆三地州	21.75%	40.14%	38.11%
四省藏区	46.06%	36.42%	17.53%
西藏自治区	53.31%	34.90%	11.79%
罗霄山区	37.35%	26.51%	36.14%
大别山区	37.10%	30.60%	32.30%
吕梁山区	37.87%	33.53%	28.60%
燕山—太行山区	36.50%	31.42%	32.08%
大兴安岭南麓区	37.74%	22.85%	39.41%
滇西边境山区	35.17%	30.96%	33.86%
滇桂黔石漠化区	38.71%	28.22%	33.07%
乌蒙山区	31.59%	35.39%	33.02%
武陵山区	56.68%	26.05%	17.27%
秦巴山区	30.91%	32.78%	36.31%
六盘山区	29.68%	30.97%	39.35%
贫困地区县级平均2016年	29.63%	33.91%	36.46%
贫困地区县级平均2015年*	32.53%	32.18%	35.29%

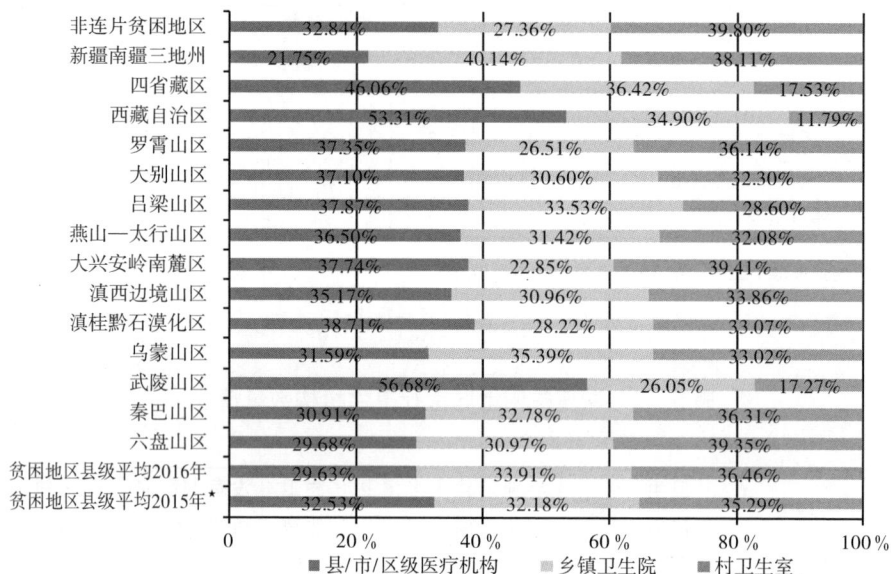

图 5—1　门急诊患者诊疗情况分布

按照 14 个集中连片贫困地区和深度贫困地区等维度划分，贫困地区卫生资源配置不均衡。从 15 个片区来看，县级医院每千人拥有床位数中，四省藏区最高，为 2.49 张，乌蒙山区最低，为 1.69 张；每千人拥有乡镇卫生院床位数中，由 2015 年的 1.96 张增加至 2016 年的 2.02 张，卫生资源在贫困地区内部配置极不平衡。

数据结果显示，贫困地区医疗机构每千人拥有床位数，随着健康扶贫工作的推进，医疗机构床位配置有了明显改善，基层医疗卫生机构资源配置得到扩充，但与全国县级平均水平还有很大差别，在后期健康扶贫和医疗机构建设中仍须加大对基层医疗机构卫生资源的投入。同时，由于医疗卫生资源在基层医疗机构中配置极不平衡，所以，应加强卫生资源配置的公平性，切实改善贫困地区医疗卫生资源配置不足、分布不均衡的现象。

从深度贫困地区情况来看，受到人口规模的影响，深度贫困的地区平均每县编制床位数远低于全国平均水平和贫困地区的平均水平，全县医院总床位数均未超过 1000 张。实际开放床位数与编制床位数差距不大。

按照《全国医疗卫生服务体系规划纲要（2015—2020 年)》的要求，到

2020年每千常住人口拥有床位数达到6张，其中，公立医院床位数为3.3张，民营医院1.5张，基层医疗卫生机构1.2张。公立医院每千人拥有床位中，包括县级医院1.8张，地市级医院0.9张。按照这一标准，深度贫困地区地市级每千人拥有床位数应达到5.4张。怒江州每千人拥有床位数仅为3.10张，县级医院仅为1.57张。凉山州每千人拥有床位数为3.03张，县级医院1.50张。从各县来看，县级医院和乡镇卫生院每千人拥有床位数差异较大。除临夏州和西藏自治区乡镇卫生院每千人拥有床位数不足1.2张外，其他地区乡镇卫生院床位数均已达到2020年的规划要求。临夏州县域内乡镇卫生院每千人拥有床位数仅为0.7张。除四省藏区和临夏州外，县级医院每千人拥有床位数均未达到1.8张的规划要求。

表5—3　贫困地区医疗机构床位配置情况

地区	每千人拥有床位数（张）			
	区域内合计	县级医院	乡镇卫生院	民营医院
全国县级平均2016年 *	3.91	2.71	1.20	—
贫困地区县级平均2015年*	3.70	1.96	1.13	0.61
贫困地区县级平均2016年	3.87	2.02	1.23	0.62
六盘山区	3.75	2.32	0.97	0.46
秦巴山区	4.19	2.33	1.37	0.49
武陵山区	4.59	1.99	1.39	1.21
乌蒙山区	3.76	1.69	0.96	1.11
滇桂黔石漠化区	3.89	1.88	1.33	0.68
滇西边境山区	3.34	2.00	0.90	0.44
大兴安岭南麓区	3.15	1.87	0.99	0.29
燕山—太行山区	3.27	1.93	1.02	0.32
吕梁山区	3.45	2.03	1.11	0.31
大别山区	3.41	1.89	1.18	0.34
罗霄山区	3.85	2.08	1.31	0.46
西藏自治区	2.85	2.00	0.53	0.32
四省藏区	3.57	2.49	0.89	0.19
新疆南疆三地州	3.65	1.87	1.51	0.27
怒江州	3.10	1.57	1.29	0.24

（续表）

地区	每千人拥有床位数（张）			
	区域内合计	县级医院	乡镇卫生院	民营医院
凉山州	3.03	1.50	1.49	0.04
临夏州	3.98	2.47	0.70	0.81
非连片贫困地区	3.20	1.91	1.01	0.28

注：* 数据来源于 2015—2016 年国家卫生统计年鉴。

★ 数据来源于 2015—2016 年贫困地区卫生计生事业发展现状研究报告。

（二）贫困地区基层医疗卫生机构基础设施情况

1. 贫困地区基层医疗卫生机构业务用房面积逐步达标

按照县级医院和乡镇卫生院建设标准，床均面积应根据其规模分别在 80—90 平方米 / 床和 75—86 平方米 / 床之间，有床位的乡镇卫生院床均面积在 50—55 平方米 / 床之间。公共卫生机构用人均面积作为建设标准。疾控中心、妇幼保健院和卫生监督机构建设标准分别要求，地市级和县级疾控中心人均面积不低于 65 平方米和 60 平方米。地市级和县级妇幼保健院人均面积也达到 70 平方米和 75 平方米，设置床位的妇幼保健院按照床均 50 平方米增加业务用房面积。卫生监督机构按照人均 40 平方米设置业务用房面积。

表 5—4　贫困地区各机构业务用房情况

（单位：平方米）

地区	床均面积		人均面积			村卫生室平均建筑面积
	综合医院	乡镇卫生院	妇幼保健院	疾控中心	卫生监督机构	
全国县级平均 2016 年 *	53.01	62.61	75.36	—	23.50	—
贫困地区县级平均 2015 年★	50.36	76.51	44.98	57.00	23.50	—
贫困地区县级平均 2016 年	47.72	70.11	55.71	58.30	40.46	77.47
六盘山区	56.23	99.13	129.48	61.60	33.21	60.72
秦巴山区	52.08	94.59	54.80	64.90	38.56	111.34
武陵山区	48.02	81.61	49.75	53.00	25.67	73.20

（续表）

地区	床均面积		人均面积			村卫生室平均建筑面积
	综合医院	乡镇卫生院	妇幼保健院	疾控中心	卫生监督机构	
乌蒙山区	45.17	62.66	85.75	63.50	46.79	75.17
滇桂黔石漠化区	51.34	64.98	62.17	53.10	96.51	78.54
滇西边境山区	60.66	90.98	55.54	63.50	93.65	105.21
大兴安岭南麓区	53.04	55.91	46.08	49.10	35.46	79.73
燕山—太行山区	25.44	30.23	37.12	61.50	36.66	62.96
吕梁山区	60.01	66.23	38.31	51.00	14.26	54.49
大别山区	51.31	78.59	47.51	49.40	18.96	130.65
罗霄山区	47.60	80.66	45.83	81.60	60.57	95.62
西藏自治区	72.45	4.88	—	114.80	34.67	48.73
四省藏区	66.18	172.20	72.56	66.00	55.76	47.09
新疆南疆三地州	59.62	71.40	64.92	67.80	105.57	56.50
怒江州	61.81	149.32	38.52	37.60	73.27	97.29
凉山州	47.36	77.71	58.53	25.00	43.12	55.77
临夏州	56.32	65.61	68.70	40.20	20.06	46.38
非连片贫困地区	41.11	54.65	45.88	55.50	34.62	82.06

注：* 数据来源于2015—2016年国家卫生统计年鉴。

★ 数据来源于2015—2016年贫困地区卫生计生事业发展现状研究报告。

2015年以来，除县级医院外，贫困地区其他各类医疗卫生机构的床均或人均面积均有所改善，其中乡镇卫生院、卫生监督机构以及村卫生室面积均已达标。县级医院床均面积仅为47.72平方米，可能与县级医院床位不足加床和开展建设等情况有关。

深度贫困地区各类医疗卫生机构业务用房达标情况不佳，除乡镇卫生院和卫生监督机构基本达标外，综合医院、妇幼保健院、疾控中心以及村卫生室的建筑面积均未达到建设标准要求。

2.贫困地区污水处理设施状况改善

医疗卫生机构除业务用房外，还需配备相应的辅助业务用房和配套设施。近年来，国家卫计委在建设规划下达过程中，加强了对配套设施的关注和投入，主要是加强医疗卫生机构污水污物的处理设施。考虑到污物处理各地基本采取区域内集中收集处理的方式，本书选择污水处理设施作为医疗卫生机构配套设施的代表性指标。

表5—5 贫困地区机构污水处理设施情况

（单位：%）

地区	综合医院	乡镇卫生院	妇幼保健院	疾控中心
贫困地区县级平均2015年★	85.87	64.61	27.44	11.50
贫困地区县级平均2016年	90.24	67.15	26.63	17.36
六盘山区	84.51	39.70	21.18	8.33
秦巴山区	96.55	81.13	44.19	27.94
武陵山区	93.10	82.08	33.96	24.53
乌蒙山区	87.80	64.60	50.00	30.56
滇桂黔石漠化区	97.18	80.66	40.28	17.14
滇西边境山区	91.38	77.91	37.74	18.18
大兴安岭南麓区	91.67	53.36	31.58	26.32
燕山—太行山区	74.29	50.00	18.18	6.25
吕梁山区	95.24	36.78	7.41	25.00
大别山区	95.56	81.10	33.33	5.56
罗霄山区	86.96	85.87	33.33	25.00
西藏自治区	76.74	8.25	—	2.70
四省藏区	76.74	48.06	9.43	13.73
新疆南疆三地州	92.86	45.99	6.06	7.69
怒江州	75.00	50.45	0	0
凉山州	90.00	29.19	22.22	36.40
临夏州	77.78	38.91	12.50	12.50
非连片贫困地区	90.42	63.84	32.75	14.18

注：★数据来源于2015—2016年贫困地区卫生计生事业发展现状研究报告。

2016年贫困地区综合医院污水处理设施拥有率有所提高，由2015年的85.87%提高至90.24%；2016年乡镇卫生院污水处理设施拥有率较

2015年有所提高，为67.15%；2016年疾控中心污水处理设施拥有率为17.36%，较2015年的11.50%有所提高。但深度贫困地区总体污水处理设备配置情况相对较差，拥有污水处理设施的乡镇卫生院不足一半，妇幼保健院不足1/4。

（三）贫困地区基层医疗卫生机构设备配置情况

医疗设备是医疗服务的重要载体和保障，各级各类医疗卫生机构建设标准中均对医疗卫生机构的基本设备配备提出了要求。本书选择各类医疗卫生机构的基本设备中的重点设备作为评价重点，了解重点设备的拥有率和设备质量。

1.贫困地区医疗卫生机构重点设施设备配置率提高

其中重点设备主要指能够反映医疗卫生机构主要服务能力的指标，如地市级综合医院重点设备包括建设标准要求的13种设备，县级综合医院包括彩超、DR、CT、中心监护等在内的24种设备，乡镇卫生院重点设备包括彩超、X光机、半自动生化仪、DR等在内的40种设备，疾控中心包括县级疾控中心必备的70种设备，妇幼保健院包括60种设备等。卫生监督中心选择卫生监督执法车、现场快速检测车和现场执法设备三种。通过平均拥有率来表示重点设备的综合配置水平。

总体来看，2016年贫困地区综合医院重点设备拥有率为57.20%，较2015年有所提高；2016年贫困地区乡镇卫生院重点设备拥有率为83.84%，较2015年有大幅提高；2016年贫困地区疾控中心重点设备拥有率为35.50%，较2015年的33.50%有所提高；2016年贫困地区卫生监督机构重点设备中，卫生监督执法车和现场快速检测车拥有率较2015年有所下降，而现场执法设备有所上升。

但深度贫困地区医疗卫生机构重点设备配置情况不容乐观，怒江州县级综合医院重点设备拥有率不足10%，凉山州和临夏州也仅在10%左右，乡镇卫生院重点设备配置率仅为60%，妇幼保健机构和疾控中心重点设备拥有率更低，这成为开展基本医疗和基本公共卫生服务开展的较大瓶颈。

表 5—6　贫困地区各机构重点设备拥有情况

（单位：%）

地区	综合医院	乡镇卫生院	妇幼保健院	疾控中心	卫生监督中心		
					卫生监督执法车	现场快速检测车	现场执法设备
贫困地区县级平均 2015 年★	45.25	47.05	28.23	33.50	79.62	8.21	56.89
贫困地区县级平均 2016 年	57.20	83.84	27.03	35.50	70.68	6.79	59.26
六盘山区	56.51	85.64	18.12	29.80	50.00	12.50	37.50
秦巴山区	59.96	86.84	37.85	42.30	64.06	4.69	71.88
武陵山区	63.89	85.29	64.40	31.70	58.00	4.00	52.00
乌蒙山区	54.88	78.97	22.86	31.00	53.33	0.00	86.67
滇桂黔石漠化区	55.60	88.39	23.16	34.90	73.91	5.80	78.26
滇西边境山区	52.08	87.32	35.32	34.80	38.89	1.85	85.19
大兴安岭南麓区	55.56	75.06	23.16	40.60	94.74	26.32	52.63
燕山—太行山区	54.05	82.15	25.27	29.20	96.55	3.45	72.41
吕梁山区	48.21	75.40	9.07	14.30	90.00	0.00	35.00
大别山区	66.11	84.66	42.89	41.30	80.00	2.86	54.29
罗霄山区	60.69	90.39	45.20	56.50	68.42	5.26	52.63
西藏自治区	22.32	71.36	3.20	9.30	25.00	0.00	0.00
四省藏区	44.48	75.56	13.06	28.10	76.00	24.00	36.00
新疆南疆三地州	57.74	74.67	9.03	24.60	87.50	0.00	25.00
怒江州	7.25	42.23	18.85	3.40	75.00	25.00	100.00
凉山州	10.10	60.50	14.26	14.60	50.00	50.00	66.67
临夏州	10.56	60.65	14.98	10.30	37.50	0.00	75.00
非连片贫困地区	59.19	83.79	32.93	37.30	86.33	5.04	55.40

注：★数据来源于 2015—2016 年贫困地区卫生计生事业发展现状研究报告。

2. 近年来贫困地区基层医疗卫生机构新配置设备较多

五年以上设备拥有率反映医疗机构设备的新旧情况，也体现了设备的质量。2016 年贫困地区综合医院拥有率较 2015 年有所降低，由 40.66% 降低到 29.15%；乡镇卫生院拥有率为 36.31%，较 2015 年有所降低。

表5—7 贫困地区各机构五年以上设备拥有情况

(单位：%)

地区	综合医院	乡镇卫生院	疾控中心	妇幼保健机构
贫困地区县级平均2015年★	40.66	37.66	43.10	35.28
贫困地区县级平均2016年	29.15	36.31	44.60	44.48
六盘山区	34.62	46.02	52.80	51.36
秦巴山区	34.40	39.54	42.90	43.27
武陵山区	23.93	31.30	43.50	52.99
乌蒙山区	22.34	28.59	44.30	48.00
滇桂黔石漠化区	25.77	28.70	46.30	30.87
滇西边境山区	27.27	33.19	41.30	36.30
大兴安岭南麓区	36.67	43.53	52.70	45.00
燕山—太行山区	32.50	46.29	50.70	38.85
吕梁山区	20.97	37.74	53.70	50.20
大别山区	24.72	29.87	55.00	48.96
罗霄山区	32.25	60.33	42.10	38.31
西藏自治区	14.09	19.08	31.50	—
四省藏区	26.81	44.45	41.70	33.23
新疆南疆三地州	37.82	22.33	34.40	46.13
非连片贫困地区	29.25	37.26	44.50	47.18

注：★数据来源于2015—2016年贫困地区卫生计生事业发展现状研究报告。

二、贫困地区卫生人力资源配置情况

卫生人才是开展医疗服务的主体，也是医疗卫生服务中最活跃的因素。贫困地区的卫生人才数量和质量直接影响到贫困地区医疗卫生机构的服务能力。

（一）贫困地区卫生人力资源情况

《全国医疗卫生服务体系规划纲要（2015—2020年）》提出，到2020年，每千常住人口拥有执业（助理）医师数达到2.5人，注册护士数达到3.14人，医护比达到1：1.25。按照这一标准，2015年以来，贫困地区卫生人力资源有了一定程度的改善。

1. 卫生人力资源总量有所增加

从绝对数来看，贫困地区 2016 年卫生技术人员数为 1407 人，比 2015 年贫困地区的 1302 人增加了 105 人；贫困地区 2016 年每千人拥有执业（助理）医师数为 1.56 人，较 2015 年有所增加，但仍低于全国平均的 1.61 人；贫困地区 2016 年每千人拥有注册护士数为 1.26 人，低于全国平均的 1.50 人。贫困县 2016 年每万人拥有全科医生数为 1.15 人，较 2015 年的 0.84 人有所增加，但仍然低于全国平均的 1.51 人。

贫困地区卫生人力资源总量和水平逐步改善，卫生技术人员得到扩充，每千人拥有的执业（助理）医师数和护士数有所增长，卫生人力资源短缺现象得到缓解，卫生人力资源总量和水平改善在一定程度上缓解了贫困地区居民"看病难看病贵"的问题，为贫困地区居民的健康提供了有力保障。

表 5—8　贫困地区卫生技术人员情况

地区	人员编制数（人）	在岗人员数（人）	卫生技术人员数（人）	每千人拥有执业（助理）医师数（人）	每千人拥有注册护士数（人）	医护比	每万人拥有全科医生数（人）
全国县级平均 2016 年 *	—	—	1374	1.61	1.50	1：0.83	1.51
贫困地区县级平均 2015 年★	1170	1382	1302	1.53	1.24	1：0.77	0.84
贫困地区县级平均 2016 年	1045	1466	1407	1.56	1.26	1：0.59	1.15
六盘山区	817	1202	1107	2.16	1.33	1：0.62	1.11
秦巴山区	1259	1825	1964	1.55	1.96	1：1.27	1.31
武陵山区	1666	2238	1907	1.81	1.10	1：0.61	0.74
乌蒙山区	1256	1828	2079	1.36	1.58	1：1.16	0.68
滇桂黔石漠化区	885	1241	1239	2.53	0.95	1：0.38	0.84
滇西边境山区	691	1147	838	1.37	1.29	1：0.94	1.01
大兴安岭南麓区	1127	1313	1127	1.35	1.19	1：0.88	1.23
燕山—太行山区	898	1120	1076	1.63	1.17	1：0.72	1.86
吕梁山区	687	954	993	1.32	1.85	1：1.41	1.10
大别山区	2269	3184	2976	1.46	1.45	1：0.99	0.97
罗霄山区	1364	1797	1918	1.64	1.94	1：1.18	0.49
西藏自治区	209	186	373	2.14	1.66	1：0.78	1.72
四省藏区	392	399	359	1.79	1.26	1：0.70	1.87

（续表）

地区	人员编制数（人）	在岗人员数（人）	卫生技术人员数（人）	每千人拥有执业（助理）医师数（人）	每千人拥有注册护士数（人）	医护比	每万人拥有全科医生数（人）
新疆南疆三地州	961	1582	1172	0.85	1.18	1：1.39	1.14
非连片贫困地区	1219	1794	1717	1.64	0.60	1：0.37	1.09

注：* 数据来源于 2015—2016 年国家卫生统计年鉴。

★ 数据来源于 2015 年贫困地区卫生计生事业发展现状研究报告。

2. 人员结构有所改善

卫生人才队伍结构主要包括卫技人员占比、医护比等。贫困地区卫生技术人员占比情况中，2016 年综合医院卫技人员占比为 82.48%，较 2015 年的 83.18% 有所降低；2016 年乡镇卫生院卫技人员占比为 78.84%，低于 2015 年的 80.70%，其中 2016 年妇幼保健院卫技人员占比为 78.98%；2016 年疾控中心卫技人员占比为 73.40%，较 2015 年有所提高。2016 年贫困地区执业（助理）医师占卫生技术人员的比例为 35.88%，低于全国的执业（助理）医师占卫生技术人员 39.40% 的比例，但高于 2015 年的 33.08%。

表 5—9　贫困地区分机构卫生技术人员占比情况

（单位：%）

地区	综合医院	乡镇卫生院	妇幼保健院	疾控中心
全国县级平均 2016 年 *	83.94	84.49	82.62	74.32
贫困地区县级平均 2015 年★	83.18	80.70	81.43	72.30
贫困地区县级平均 2016 年	82.48	78.84	78.98	73.40
六盘山区	82.78	85.51	78.15	72.20
秦巴山区	81.30	79.27	83.83	64.60
武陵山区	83.23	79.02	89.15	72.50
乌蒙山区	81.75	78.09	91.59	86.10
滇桂黔石漠化区	84.46	84.09	85.37	84.10
滇西边境山区	84.98	82.82	96.28	82.50
大兴安岭南麓区	79.66	76.28	80.95	77.80
燕山—太行山区	78.38	72.52	78.73	71.60
吕梁山区	81.30	73.59	77.16	65.80
大别山区	81.63	72.18	83.37	59.80
罗霄山区	87.75	81.42	99.45	78.60
西藏自治区	71.33	73.03	—	89.50

（续表）

地区	综合医院	乡镇卫生院	妇幼保健院	疾控中心
四省藏区	82.36	86.15	83.01	84.50
新疆南疆三地州	86.62	75.16	75.53	88.60
非连片贫困地区	81.87	77.47	81.06	70.30

注：* 数据来源于 2015—2016 年国家卫生统计年鉴。

★ 数据来源于 2015 年贫困地区卫生计生事业发展现状研究报告。

　　全国医疗卫生服务体系规划纲要（2015—2020 年）提出，到 2020 年，医护比达到 1：1.25 的水平。贫困县卫生技术人员医护比中，2016 年综合医院为 1：1.50，较 2015 年有所降低，但高于全国平均水平；2016 年乡镇卫生院医护比为 1：0.67，较 2015 年的 1：0.63 有所提高，但低于全国平均水平；2016 年妇幼保健院医护比提升比较明显，从 2015 年的 1：1.08 增至 1：1.46，高于全国平均水平。

　　随着健康扶贫工作推进，贫困地区卫生人才队伍结构逐渐改善，各机构人员占比情况逐渐趋于合理，人员配置也更加完善。

表 5—10　贫困地区分机构卫生技术人员医护比情况

地区	综合医院	乡镇卫生院	妇幼保健院
全国县级平均 2016 年 *	1：1.36	1：0.70	1：0.99
贫困地区县级平均 2015 年★	1：1.54	1：0.63	1：1.08
贫困地区县级平均 2016 年	1：1.50	1：0.67	1：1.46
六盘山区	1：1.56	1：0.69	1：1.48
秦巴山区	1：1.57	1：0.63	1：0.83
武陵山区	1：1.67	1：0.70	1：0.97
乌蒙山区	1：1.49	1：0.79	1：1.27
滇桂黔石漠化区	1：1.68	1：0.80	1：0.86
滇西边境山区	1：1.57	1：0.80	1：1.12
大兴安岭南麓区	1：1.27	1：0.37	1：1.48
燕山—太行山区	1：1.19	1：0.29	1：1.76
吕梁山区	1：1.33	1：0.70	1：1.98
大别山区	1：1.42	1：0.61	1：0.88
罗霄山区	1：1.53	1：0.99	1：0.73
西藏自治区	1：0.54	1：0.29	1：4.17

（续表）

地区	综合医院	乡镇卫生院	妇幼保健院
四省藏区	1∶1.21	1∶0.54	1∶1.57
新疆南疆三地州	1∶1.26	1∶0.80	1∶1.83
非连片贫困地区	1∶1.45	1∶0.63	1∶1.06

注：* 数据来源于 2015—2016 年国家卫生统计年鉴。

★ 数据来源于 2015 年贫困地区卫生计生事业发展现状研究报告。

三、贫困地区基层医疗卫生机构服务能力

提高贫困地区医疗卫生服务能力是让农村居民看得上病、看得好病的重要保障，基层医疗卫生机构的服务能力主要包括其服务量及分流情况、服务水平和居民利用情况。健康扶贫工作开展以来，贫困地区医疗卫生机构服务能力方面有所改善，主要表现在：

1.贫困地区医疗卫生机构服务量有所增加，分流逐步趋于合理

2016 年，贫困地区平均全年门急诊人次数由 2015 年的 1037628 人次增加到1283679 人次；县 / 市 / 区级医疗机构诊疗人次分流占比由 2015 年的 32.53% 减少到 29.63%；乡镇卫生院诊疗人次分流占比由 2015 年的 32.18% 增加到 33.91%；村卫生室诊疗人次分流占比由 2015 年的 35.29% 提高到 36.46%，说明基层医疗机构门诊服务量增加，并且将更多的病人留在了乡村两级，分流逐步趋于合理。

表 5—11　贫困地区门急诊患者诊疗情况

地区	全年门急诊人次数（人次）	人次分流占比（%）		
		县 / 市 / 区级医疗机构	乡镇卫生院	村卫生室
贫困地区县级平均 2015 年★	1037628	32.53	32.18	35.29
贫困地区县级平均 2016 年	1283679	29.63	33.91	36.46
六盘山区	917827	29.68	30.97	39.35
秦巴山区	1890836	30.91	32.78	36.31
武陵山区	4524819	56.68	26.05	17.27
乌蒙山区	1354228	31.59	35.39	33.02
滇桂黔石漠化区	920872	38.71	28.22	33.07

（续表）

地区	全年门急诊人次数（人次）	人次分流占比（%）		
		县/市/区级医疗机构	乡镇卫生院	村卫生室
滇西边境山区	1093159	35.17	30.96	33.86
大兴安岭南麓区	664795	37.74	22.85	39.41
燕山—太行山区	616029	36.50	31.42	32.08
吕梁山区	369859	37.87	33.53	28.60
大别山区	2786822	37.10	30.60	32.30
罗霄山区	1094530	37.35	26.51	36.14
西藏自治区	92245	53.31	34.90	11.79
四省藏区	156727	46.06	36.42	17.53
新疆南疆三地州	878803	21.75	40.14	38.11
非连片贫困地区	1251620	32.84	27.36	39.80

注：★数据来源于 2015—2016 年贫困地区卫生计生事业发展现状研究报告。

2. 贫困地区基层医疗卫生机构年出院人次增加，乡镇卫生院出院病人分流提高

2016 年，贫困地区平均出院人次数由 2015 年的 51874 人次增加到 58184 人次；县/市/区级医疗机构出院人次分流占比 55.59% 相比较 2015 年的 56.63% 有所降低；而乡镇卫生院的占比为 44.41%，相较 2015 年有所上升。贫困地区住院患者在主要流向县级医疗机构的同时，乡镇卫生院分流比例有所增加，说明乡镇卫生院住院服务能力有所提高。

表 5—12　贫困地区全年住院患者出院情况

地区	全年出院人次数（人次）	人次分流占比（%）	
		县/市/区级医疗机构	乡镇卫生院
贫困地区县级平均 2015 年★	51874	56.63	43.37
贫困地区县级平均 2016 年	58184	55.59	44.41
六盘山区	36939	65.85	34.15
秦巴山区	62770	58.77	41.23
武陵山区	76206	54.38	45.62
乌蒙山区	63090	57.30	42.70
滇桂黔石漠化区	54112	55.02	44.98
滇西边境山区	30895	61.63	38.37
大兴安岭南麓区	26097	62.15	37.85

（续表）

地区	全年出院人次数（人次）	人次分流占比（%）	
		县/市/区级医疗机构	乡镇卫生院
燕山—太行山区	43879	66.94	33.06
吕梁山区	17951	56.74	43.26
大别山区	98098	61.30	38.70
罗霄山区	68155	49.34	50.66
西藏自治区	1751	67.92	32.08
四省藏区	5562	63.41	36.59
新疆南疆三地州	73274	42.96	57.04
非连片贫困地区	50459	65.76	34.24

注：★数据来源于2015—2016年贫困地区卫生计生事业发展现状研究报告。

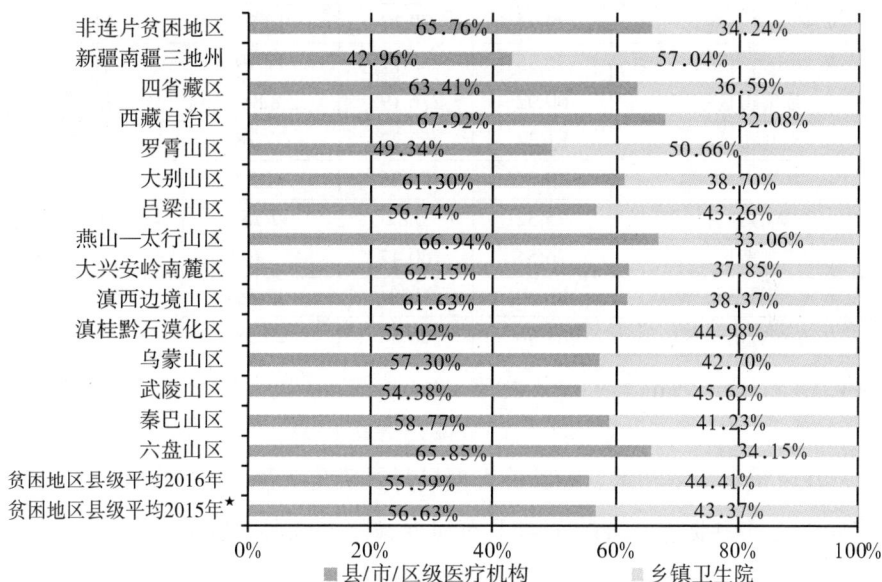

图5—2　全年住院患者出院情况

注：★数据来源于2015—2016年贫困地区卫生计生事业发展现状研究报告。

3.贫困地区县域内就诊率提高，二甲县级医院数量增加

2016年贫困地区县域内就诊率较2015年有所增加，由2015年的80.79%提高到82.68%，二甲以上县级医院占比为75.39%，较2015年的68.82%增加了近7%，说明县域内和县级医院的医疗服务能力都得到了较大

水平的提高。

表 5—13　贫困地区县级医院服务能力情况

地区	县域内就诊率（%）	二甲以上县级医院占比	住院重点手术开展率（%）	重点检验检查平均开展率（%）
贫困地区县级平均 2015 年★	80.79	68.82	16.86	42.31
贫困地区县级平均 2016 年	82.68	75.39	22.82	51.01
六盘山区	80.68	87.50	16.13	51.84
秦巴山区	82.01	67.82	28.12	57.63
武陵山区	88.55	72.88	33.68	62.35
乌蒙山区	82.47	85.37	20.94	46.94
滇桂黔石漠化区	76.66	90.14	24.29	56.12
滇西边境山区	85.76	86.21	21.19	47.37
大兴安岭南麓区	79.01	79.17	18.21	42.86
燕山—太行山区	76.75	65.71	17.19	44.12
吕梁山区	69.92	76.19	8.86	35.24
大别山区	81.34	62.22	37.78	62.32
罗霄山区	89.22	78.26	31.57	60.51
西藏自治区	75.32	6.82	2.75	16.85
四省藏区	76.54	60.47	5.40	32.44
新疆南疆三地州	89.60	100	13.85	49.39
非连片贫困地区	81.56	68.86	23.38	51.40

注：★数据来源于 2015—2016 年贫困地区卫生计生事业发展现状研究报告。

从住院重点手术和重点检验检查项目开展情况来看，本书选择二级甲等医院评审标准中要求开展的重点手术和重点检验检查项目综合评价其开展率，调查可见，2016 年贫困地区县级医院住院重点手术开展率为 22.82%，较 2015 年的 16.86% 有所提高。重点检验检查平均开展率为 51.01%，较 2015 年的 42.31% 也有所提高，这说明县级医院在手术和检验检查服务方面能力也有较大幅度的提高。

4.贫困地区对口帮扶略显成效，远程医疗服务能力处于起步阶段

远程医疗既属于设备，同时也是提升医疗服务能力的重要手段。健康扶贫工作开展以来，三级医院对口帮扶贫困地区县级医院，贫困地区县级

医院帮扶乡镇卫生院成为提升服务能力的重要措施，远程医疗是对口帮扶和技术指导的重要平台。2016 年贫困地区县级医院接入远程医疗平台率为74.62％，2016 年贫困地区县级医院年远程会诊人次为 404.33 人次，远程医疗工作逐步起步。

表 5—14　贫困地区县级人民医院远程医疗情况

地区	县级（人民）医院 接入远程医疗平台率（％）	县级（人民）医院 年远程会诊人次（人次）
贫困地区县级平均 2016 年	74.62	404.33
六盘山区	87.93	210.89
秦巴山区	88.57	573.64
武陵山区	66.67	501.00
乌蒙山区	82.35	109.63
滇桂黔石漠化区	81.97	158.98
滇西边境山区	84.31	142.93
大兴安岭南麓区	70.59	3.23
燕山—太行山区	60.61	43.32
吕梁山区	68.42	6.83
大别山区	85.71	1103.15
罗霄山区	69.57	29.08
西藏自治区	40.00	153.81
四省藏区	87.04	86.39
新疆南疆三地州	80.00	68.13
非连片贫困地区	67.48	952.41

乡镇卫生院接入远程医疗平台和接受帮扶的情况略差，2016 年贫困地区乡镇卫生院远程会诊人次数平均为 15.65 人次，接受上级医院帮扶管理人员数平均为 0.94 人，接受上级医院帮扶医生数平均为 3.23 人，接受上级帮扶医生开展门诊人次平均为 167.20 人次，接受上级帮扶医生开展手术台次为 6.10 次（见表 5—15）。

5.贫困地区农村居民服务利用改善

居民人均就诊次数和住院率是卫生服务利用的重要指标，也是居民看得上病的重要反映。2016年贫困地区年人均就诊次数为3.50次，较2015年的2.88次有所增加；2016年贫困地区年住院率为15.96%，说明随着健康扶贫工作的开展，居民因经济原因未就诊未住院的比例降低，服务利用状况改善（见表5—16）。

表5—15 贫困地区乡镇卫生院远程医疗情况

地区	远程会诊人次数（人次）	上级医院帮扶管理人员数（人）	上级医院帮扶医生数（人）	上级帮扶医生开展门诊人次（人次）	上级帮扶医生开展手术台次（次）
贫困地区县级平均2016年	15.65	0.94	3.23	167.20	6.10
六盘山区	14.30	1.24	5.15	276.83	4.89
秦巴山区	19.87	1.19	3.14	165.35	4.15
武陵山区	25.11	0.84	3.38	115.48	9.13
乌蒙山区	3.69	0.48	1.41	85.46	3.28
滇桂黔石漠化区	3.40	0.43	2.10	165.84	3.37
滇西边境山区	7.27	0.82	2.47	240.25	6.40
大兴安岭南麓区	14.60	1.90	4.05	174.15	7.69
燕山—太行山区	16.48	0.91	3.06	205.24	9.22
吕梁山区	7.21	1.47	3.63	187.92	0.13
大别山区	37.04	1.40	5.79	222.13	14.04
罗霄山区	9.50	0.80	2.72	93.71	7.60
西藏自治区	39.71	0.72	1.83	51.65	0.49
四省藏区	7.36	0.55	3.14	80.78	2.79
新疆南疆三地州	22.04	1.29	5.71	162.75	4.05
非连片贫困地区	18.29	0.97	2.82	171.58	7.09

表5—16 贫困地区卫生服务利用情况

地区	年人均就诊次数	年住院率（%）
贫困地区县级平均2015年★	2.88	14.85
贫困地区县级平均2016年	3.50	15.96
六盘山区	2.87	11.55

（续表）

地区	年人均就诊次数	年住院率（%）
秦巴山区	4.76	15.79
武陵山区	5.91	9.96
乌蒙山区	2.62	12.20
滇桂黔石漠化区	1.67	9.83
滇西边境山区	3.92	11.07
大兴安岭南麓区	1.97	8.74
燕山—太行山区	2.01	14.30
吕梁山区	2.17	11.55
大别山区	3.70	13.04
罗霄山区	2.38	15.85
西藏自治区	1.62	4.08
四省藏区	2.06	7.32
新疆南疆三地州	2.76	23.00
非连片贫困地区	1.10	6.43

注：★数据来源于 2015—2016 年贫困地区卫生计生事业发展现状研究报告。

四、挑战和建议

在各级卫生部门及相关部门协调配合下，贫困地区医疗卫生资源短缺现象得到缓解，卫生技术人员技术水平有所提升，各级医疗卫生机构配套设施有所增加，医疗服务能力也有了较大增长，对于缓解贫困地区患者的就医需求起到了重要作用。

（一）问题和挑战

但贫困地区短板突出，发展不均衡，在服务体系和能力方面还存在较大挑战，主要表现在：

1.贫困地区卫生资源不平衡不充分的问题长期存在

从"三个一批"建设情况来看，随着健康扶贫建设资金的逐步增加，基层医疗机构标准化建设有所改善，但各地区之间仍存在差距，六盘山区没有标准化卫生院的乡镇个数平均为 4.08 个，是罗霄山区的 12 倍左右，西藏自治区没有标准化卫生院的乡镇个数占乡镇总数的比例高达 37.22%，房屋设备建设仍须加大力度，卫生室建设形势也是如此。从对口帮扶情况来看，西藏自治区仍须加大力度，比例仅为 61.40%，同时一年以上蹲点帮扶比例也仅为 38.60%，人员流动性大，流失严重，这仍然是制约西藏自治区基层医疗卫生能力发展的最大瓶颈。

2.贫困地区基层医疗卫生机构基建设施落后，深度贫困地区尤为突出

2016 年贫困地区县级平均编制床位与 2015 年基本持平，与全国平均水平仍存在较大差距，一定程度上制约服务能力的提升。从各级医疗机构床位分布来看，高级别医疗机构仍然床位较多，分级诊疗的实施，应逐步提高基层医疗机构床位占比，而现阶段床位仍集中在高级别医疗机构，这种趋势需要扭转。另外，接入远程诊疗平台率和年远程会诊人次不匹配，设备闲置，专业人员不足是其中最重要的原因。从基础设施设备情况来看，贫困地区综合医院床均面积和妇幼保健院人均面积分别为 47.72 平方米和 55.71 平方米，均低于全国平均水平，且西藏自治区乡镇卫生院床均面积仅为 4.88 平方米，基建压力仍然较大。除贫困地区卫生监督中心用房多设置在卫生局内外，其他各类医疗机构危房面积占比均高于全国平均水平。贫困地区重点设备拥有率较低，其中妇幼保健院和疾控中心为 27.03% 和 35.50%，另外，贫困地区卫生监督中心现场快速检测车拥有率仅为 6.79%，严重影响了卫生监督工作的开展。

深度贫困地区整体床位资源不足。按照《全国医疗卫生服务体系规划纲要（2015—2020 年)》要求，县级医院每千人拥有床位数应达到 1.8 张，基层机构应达到 1.2 张，深度贫困地区中，除四省藏区和临夏州外，县级医院每千人拥有床位数均未达到 1.8 张的规划要求。乡镇卫生院床位萎缩，造成指标偏低，如临夏州县域内乡镇卫生院每千人拥有床位数仅为 0.7 张。部分医疗机构基础设施条件较差，危房面积还占近 5%，污水处理设施拥有率 70% 左右，乡镇卫生院不足 50%，仍须加强标准化建设。

经过近年来多项建设规划的实施，深度贫困地区主要医疗卫生机构大多数都在中央和地方的支持下，进行了新建、迁建或改造。但由于规划变更或

地方政府投入取消等原因，导致建设项目资金缺口较大。以怒江州为例，怒江州四个州级医疗卫生机构均进行了迁址新建，其中怒江州人民医院9000万元地方配套资金不能到位，州妇幼保健院还有5738万元的资金缺口，州疾控中心和州中心血站资金缺口也分别为1600万元和588万元。

3.各级医疗卫生机构设备较为陈旧，基层设备闲置与不足并存

从设备配置情况看，深度贫困地区各类医疗卫生机构重点设备配备率均不高，县级医院基本设备拥有率仅在10%左右，乡镇卫生院为40%左右。医疗机构缺乏必要的基本设备，同时缺乏设备操作人员，严重影响了其服务的开展和服务能力的提高。各级医疗卫生机构设备配置水平较低，一方面是缺乏资金，另一方面也是因为缺乏相应的操作人员。远程医疗和信息化使用积极性不高。尽管各地也已接入远程医疗平台，但受到运行模式的影响，县级医院和乡镇卫生院都缺乏使用远程医疗会诊的积极性，使用率低。

4.人才缺乏和能力不足是贫困地区卫生事业发展的重要瓶颈

一方面是人员数量，人才绝对总量不足，难以达到"十三五"规划目标。从编制情况看，基层医疗机构空编情况普遍存在，除综合医院空编比例下降外，2016年乡镇卫生院空编比例为28.16%，较2015年有所增加，妇幼保健院空编比例由4.22%增至4.82%，疾控中心空编比例由7.80%增至8.10%，卫生监督机构空编比例为9.12%。现场调查也发现，在基层人事薪酬制度的改革中，如何调动基层人员积极性，引进来留得住，仍是困扰贫困地区卫生能力提升的重中之重。有编制，但不招聘，或招聘不来，成为影响深度贫困地区吸引人才和留住人才的重要障碍。近年来，贫困地区空编问题加剧，这不利于贫困地区医疗卫生事业的发展，也成为健康扶贫工作的一大难题。

另一方面是人员质量，不同地区执业（助理）医师占比差距仍然较大，如西藏自治区仅为20.60%，所有地区均在50%以下，卫生人员能力亟待提升。无执业医师的乡镇卫生院个数中，西藏自治区和四省藏区高达132个和201个，乌蒙山区也有113个。乡镇卫生院接受上级医院帮扶医生数较少，县级平均在6人以下，基层服务能力难以得到有效提升。村卫生室信息化建设滞后，西藏自治区和四省藏区通网情况较差，分别为10.81%和28.56%。

（二）对策建议

1.开展达标建设，促进服务可及，进一步提升县域内医疗卫生服务水平

现阶段贫困地区县域内就诊率距90%的标准仍有较大差距，应提高并完善县域内医疗卫生服务能力。建议针对当前服务体系的薄弱环节，参考相关建设标准对贫困地区地市级、县级、乡级和村级医疗卫生机构进行房屋、设备填平补齐建设，实现硬件设施标准化建设。包括房屋改扩建，以及床位、设备的跟进，加快引进高素质卫生服务人员，同时提升人员的薪酬水平，提高已有医疗卫生服务人员的专业知识素养和人文素养，以提高县域内卫生服务能力与水平，并利用各种政策措施，如分级诊疗政策等，加强不同医疗机构间资源共享，引导患者正确选择医疗机构，提高县域内就诊率。

2.补齐短板，加强卫生技术人才队伍建设

截至今年，贫困地区卫生技术人员数为1374人，其中各片区不同程度存在空编情况，人员严重不足，尤其是基层医疗机构。建议通过人才培养、培训、进修、支援、帮扶带教等方式增加贫困地区卫生技术人员数量。尤其是增加执业（助理）医师数和注册护士数，按照《全国医疗卫生服务体系规划纲要（2015—2020年)》提出的目标，不断补足贫困地区执业（助理）医师数和注册护士数，保持一个合理的医护比。使贫困地区在卫生技术人员增长的同时，人员结构布局也更加合理，每乡镇卫生院至少1—2名有资质的执业（助理）医师，保证卫生服务提供的公平与效率。

3.强化资源共享，加快信息化建设，促进服务模式转变

根据情况设立县域检验中心、影像中心、云诊断中心，可挂靠在服务能力较强的县级医院中。加快信息化建设，县级医院和检验影像中心通过信息化平台对上与地市级和省级医疗机构进行对接，对下辐射所有乡镇卫生院。影响检验中心建设和信息化建设参照国家相关建设标准和投资标准进行。

发挥信息化作用，开展远程诊疗服务和移动医疗服务。发挥省级医疗机构、地市级医疗机构对县乡村卫生机构的指导和带教作用，通过云诊断平台和检验中心、影像中心等工作，实现乡村采集信息、县级初步诊断、市级省

级确诊，指导基层诊断和治疗能力提高，并实现病人的及时上转和下转。县级医院配备移动诊疗车，开展县域内的健康检查和疾病筛查、治疗等工作，带动乡村服务能力提高。

　　通过信息化手段，促进公共卫生服务和医疗服务融合、疾病治疗和健康管理相结合，为深度贫困地区城乡居民提供连续性、系统性的全生命周期医疗卫生服务。

（执笔人：朱兆芳）

第六章　全国健康扶贫动态管理系统建设进展

为贯彻落实党中央、国务院健康扶贫决策部署，按照国家卫生健康委确定的"大病集中救治一批、慢病签约服务管理一批、重病兜底保障一批"（"三个一批"）的思路要求，全面监测健康扶贫对象疾病核实、分类救治、健康管理、费用报销等主要信息，实时掌握工作进展，实现健康扶贫精准到户、精确到人、精细到病，为精准健康扶贫工程决策分析提供数据支撑，着手建设了全国健康扶贫动态管理系统（以下简称"动态管理系统"）。

一、总体要求

健康扶贫动态管理系统建设目标：

第一，实现健康扶贫目标人群精准建账管理。做到精准到户、精确到人，精细到病。

第二，实现健康扶贫信息动态更新。对接各部委信息，联通基层健康扶贫业务信息，实现新发一例、管理一例，治愈一例、销号一例的动态管理模式，实时掌握工作进展。

第三，实现健康扶贫科学研判。对患病家庭、人员、病种、疗效、治疗费用等指标进行多维度关联统计分析，为健康扶贫决策提供依据。

建立全国大集中的全国健康扶贫决策支持系统，整体覆盖全国有健康扶贫任务的 25 个省份、276 个市、2088 个县、29204 个乡、399722 个村，基于全国基层数十万基层人员填报动态反馈信息，有效管理全国建档立卡户人口信息、因病致贫返贫的贫困对象，分类救治信息、日常慢病签约服务信息、大病专项救治信息、重病兜底保障信息。对全国健康扶贫工作进展情况进行动态监测、评估与前瞻，加强医疗机构卫生保障能力管理，加强对健康精准扶贫相关的贫困人口数量、结构、分布以及基层救治医疗机构保障等方面的研究，为政策建议提供决策支持。

二、动态管理系统实施情况

（一）建立了健康扶贫对象和服务机构两大数据库

2016 年组织全国 80 万基层卫生计生人员进村入户，针对疾病费用负担重、导致严重影响生产生活能力的45 个重点病种和48 个次重点病种，逐户、逐人、逐病调查核实因病致贫返贫贫困户家庭成员患病情况并建立工作台账，建成了覆盖775 万户、1996 万人的健康扶贫对象基础数据库。组织开展贫困地区医疗卫生机构基本情况基线调查，覆盖了832 个贫困县 1.8 万个医疗卫生机构，涵盖设施条件、卫生计生技术人员、专科建设、服务提供、经济运行等全方位情况，建立了机构能力基础数据库。

（二）建成了健康扶贫工作五大业务支撑系统

主要包括挂图作战、"三个一批"、机构调查、统计分析、督导考核业务功能模块，为各级卫生计生部门推动深入实施健康扶贫工程提供了信息化支持。

挂图作战模块以攻坚作战图的形式简洁直观地展示全国和分地区健康扶贫工作的主要进展，方便研判和决策；"三个一批"模块为基层填报核准患病、分类救治和医疗费用保障等信息；机构调查模块对 832 个贫困县医疗卫生机构情况进行填报；统计分析模块供基层工作人员对各项指标进行汇总统计；督导考核模块主要为开展中西部 22 个省份健康扶贫考核工作提供考核指标监测和汇总。目前，动态管理系统已注册用户 7.15 万人，为国家、省、市、县、乡镇、村各级健康扶贫工作提供了服务和支撑。

（三）推动横向和纵向数据共享

横向定期与国务院扶贫办建档立卡户数据库进行数据交换，实现贫困人口数据同步更新，提高健康扶贫精准度；目前正在会同民政部推进健康扶贫数据库与农村低保对象数据库的数据共享。纵向与中国大病社会救助平台实现了数据对接，为慈善组织提供救助对象家庭情况和患病情况的校验，推动社会救助力量与贫困人口实现精准对接，不断提升大病社会救助平台公信力。

三、动态管理系统建设规划

全国健康扶贫决策支持系统的核心业务应用场景如图 6—1 所示。

项目采用阶段性递进式开发模式，主要工作内容如下。

（一）建设"健康扶贫动态管理子系统"，实现全国救治信息填报和动态管理

2017 年度，健康扶贫动态管理子系统实现健康扶贫目标人群精准建账管理。做到精准到户、精确到人、精细到病；实现健康扶贫信息动态更新。对接各部委信息，联通基层健康扶贫业务信息，实现新发一例、管理一例、治愈一例、销号一例的动态管理模式，实时掌握工作进展；实现健康扶贫科学研判。对患病家庭、人员、病种、疗效、治疗费用等指标进行多维度关联统计分析，为健康扶贫决策提供依据。根据业务需求，建立包括挂图作战、"三个一批"、统计分析、督导考核等功能模块的业务支撑系统。各个功能模块，支持多级用户填报、动态统计分析。

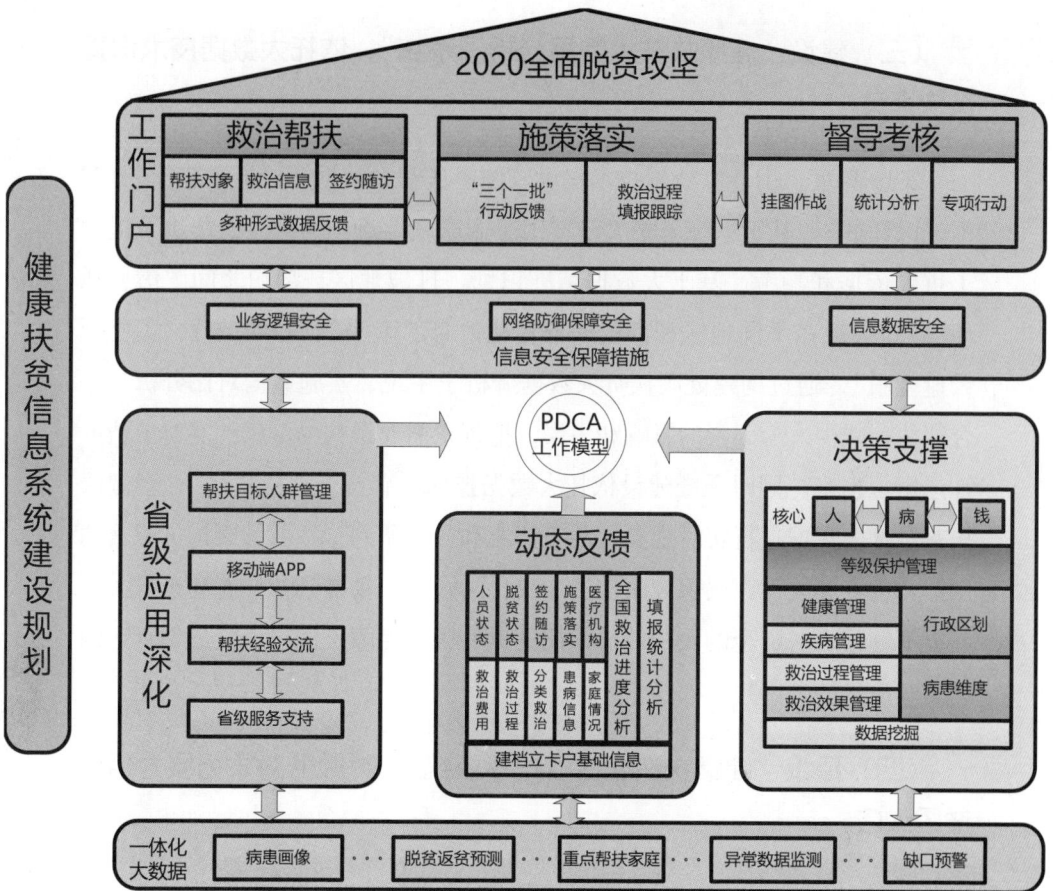

图6—1　核心业务应用场景

（二）建设"健康扶贫决策分析子系统"，实现各级决策和应用支撑

2018年度，建立全国健康扶贫决策支持系统，基于数据决策及时适时地为全国各级健康扶贫参与部门单位提供农村地区贫困人口"因病致贫、因病返贫"的进度成效情况，为建立贫困人口健康台账、救治医疗机构确定诊疗路径、签约服务，以及基层帮扶工作落实人员采取不同措施实施分类救治提供基础数据和决策依据。

（三）建设"健康扶贫大数据分析子系统"，依托大数据技术识真贫扶真贫

2019 年度，引入大数据技术建设"健康扶贫大数据分析子系统"，有利于"识真贫"，基于系统采集大量贫困患病家庭信息，为健康扶贫决策提供了重要依据和参考。基于大数据精准识别，打破地区、部门之间"信息孤岛"，让分散在不同地区和部门的碎片化信息"牵手"、联网，就"不畏浮云遮望眼"。通过构建健康扶贫大数据分析子系统，实施数据对比分析与综合评估，减少人为因素的影响和失误，把真正需要帮扶的健康扶贫对象精准筛选定位出来。同时系统建设依托大数据技术，有益于"扶真贫"，对健康扶贫全维度数据进行实时观测、动态监测和分析研判，找准健康扶贫脱贫的主体、重点和关键，确保健康扶贫项目科学合理、精准到位，有利于最大限度发挥健康扶贫资金的使用效益，把宝贵的医疗保障资源精准投放到真正因病致贫返贫的贫困户。

（四）建设"健康扶贫综合管理子系统"，将服务对象拓展为相对贫困人口

2020 年，健康扶贫综合管理子系统充分利用先进的大数据分析、互联网及移动互联网技术，扩大健康扶贫工作的保障受众人群，强化基层医疗机构服务能力监控，防止因病返贫现象发生。实现健康帮扶人员与帮扶对口专干的信息对接，基于移动端系统提供干部与患病帮扶家庭点对点、面对面的扶贫方式，实现干部与患病帮扶家庭之间的"1+1"，做到群众不脱策、干部不脱钩。利用系统打通社会帮扶患病家庭通道，为社会上有能力、有心意的社会企业、团体、个人提供安全、可靠的途径，建立起社会力量与患病帮扶家庭之间的桥梁，实现社会群体与患病帮扶家庭之间的"1+1"，引导、支持社会力量以不同的方式履行社会责任，利用社会力量的自身优势和资源，推动健康扶贫事业的发展。

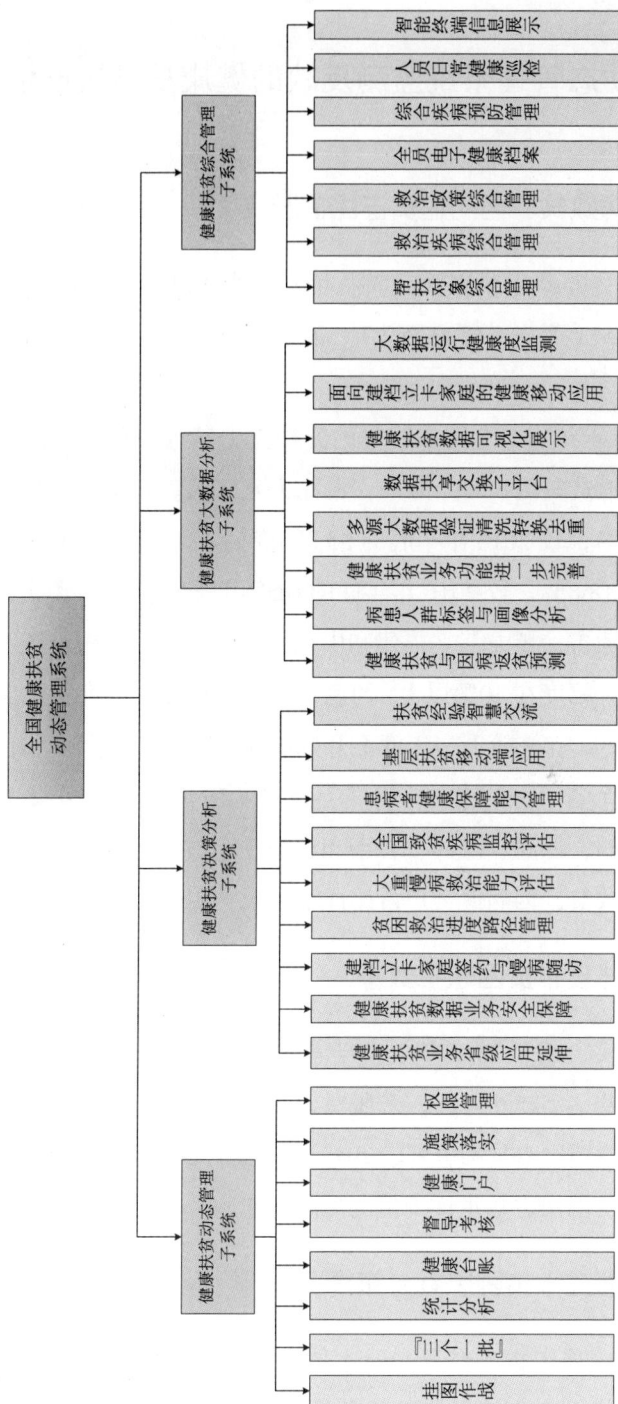

图 6—2　系统整体规划图

四、动态管理系统监测反映的健康扶贫进展情况

（一）因病致贫、因病返贫占比情况

国务院扶贫办共收录因病致贫、因病返贫 981 万户（2856 万人）。其中，已经脱贫 571 万户（1730 万人），脱贫率达 58.2%，与全国层面情况基本一致。

截至 2017 年年底，全国未脱贫的建档立卡贫困户共 965 万户，其中因病致贫、因病返贫贫困户 411 万户，占比为 42.6%。其中，主要致贫原因为因病的占 23.8%，较 2016 年年底的 35.8%降低了 12 个百分点；次要致贫原因为因病的占 18.8%，较 2016 年年底的 6.5%上升了 12.3 个百分点。

其中，内蒙古、黑龙江、福建和山东 4 个省（区）因病致贫返贫户占比较上一年度上升幅度在 10%以上；河南、湖南、广西、海南、重庆、云南和新疆 7 个省（区、市）较上一年度上升幅度在 5%以上；河北、山西、辽宁、吉林和宁夏 5 个省（区）较上一年度上升幅度在 5%以下；安徽、江西、湖北、四川、贵州、西藏、陕西、甘肃和青海 9 个省（区）较上一年度有所下降。各地因病致贫、因病返贫户占比详细情况见附表 1。

（二）建档立卡贫困患者数量

经各地核实，截至 2018 年上半年需救治建档立卡贫困患者 967.8 万人，其中，已脱贫患者 525.6 万人，未脱贫患者 442.3 万人（未脱贫患者已经治愈 82 万人）。建档立卡贫困患者较 2017 年年底的 849 万人增加了 118.8 万人。

建档立卡贫困患者数量详细情况见附表 2。

（三）建档立卡贫困患者分布情况

从全国贫困患者占比情况来看大体上分为 4 个梯队，安徽、湖北、云南、湖南和四川 5 个省健康扶贫任务最重，贫困患者均在 50 万人以上；河

南、陕西、广西、河北、江西和山西6省（区）健康扶贫任务较重，贫困患者人数均在30—50万人；贵州、甘肃、内蒙古、黑龙江、山东、吉林、辽宁、新疆和重庆9省（区、市）健康扶贫任务重，贫困患者人数在10万—30万人；青海、海南、宁夏、福建、西藏等5省（区）人数健康扶贫任务较轻，贫困患者共占比2%。如图6—3所示：

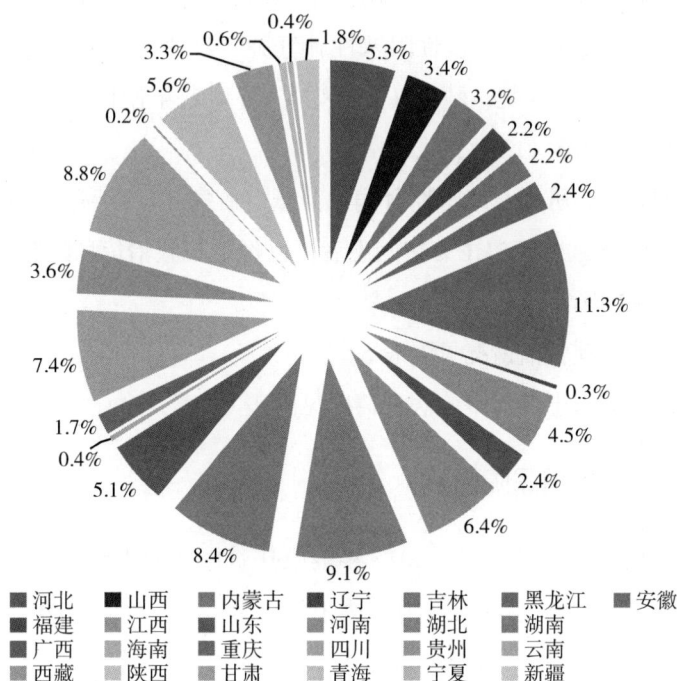

图6—3 建档立卡贫困患者分布比例

（四）分类救治进度

分类救治已覆盖932.6万人，救治比例达96.36%。其中，门诊治疗524.2万人，住院治疗261.3万人，已落实慢病签约服务716.1万人。建档立卡贫困患者分类救治工作进度详细情况见附表3。

在门诊和住院治疗的707万人中，一级医疗机构就诊占比为43.91%，二级医疗机构就诊占比为41.26%，三级医院就诊占比为14.83%；县域内就诊占比为 88.05%，县域外省内就诊占比为 11.22%，省外就诊占比为 0.72%。贫困患者就诊机构统计情况见附表 4。

（五）患者患病情况

截至 2018 年上半年，贫困患者患病前 10 位的病种依次是高血压（171 万人）、脑血管病（123 万人）、糖尿病（54 万人）、重性精神疾病（52 万人）、冠心病（43 万人）、慢性阻塞性肺气肿（41 万人）、类风湿性关节炎（29 万人）、关节病（髋、膝）（17 万人）、重型老年慢性支气管炎（12 万人）、老年性白内障（12 万人）。

儿童先天性心脏病、终末期肾病、儿童白血病、食道癌、胃癌、结直肠癌等九种大病全国共有 21.1 万贫困患者，已经上报救治信息的有 20.2 万人，救治进度达 95.4%。

九种大病专项救治情况见附表 5。

建档立卡贫困患者前十位病种情况见附表 6。

（六）医疗费用保障情况

动态管理系统统计显示，2017 年健康扶贫医疗总费用 333 亿元，建档立卡贫困患者实际医疗费用报销比例平均为 84.2%。个人实际自付比例平均为 15.8%，较 2016 年监测数据的 43.3%下降了 27.5 个百分点。其中，内蒙古、安徽、江西、四川、贵州、云南、陕西、宁夏 8 个省（区）个人实际自付比例在 10%以内；山西、湖南、广西、海南、重庆 5 个省（区、市）自付比例在 10%—20%；辽宁、吉林、山东、湖北、西藏、甘肃、青海 7 个省（区）自付比例在 20%—30%；河北、黑龙江、福建、河南、新疆 5 个省（区）自付比例在 30%以上。

最新监测数据显示，2018 年上半年全国建档立卡贫困患者个人自付比例平均为 11.9%。

2017 年度建档立卡贫困患者医疗费用保障情况见附表 7。

（七）群众满意度和获得感

根据 2200 名建档立卡"因病致贫、因病返贫"贫困人口电话调查数据显示，对健康扶贫政策在本地的执行情况表示"非常满意"的占 46.7%，"比较满意"的占 37.2%，"一般"的占 11.8%，"比较不满意"的占 3.7%，"非常不满意"的占 0.6%。前三项加总计算得出的满意率为 95.7%；五项依次分别赋值 5、4、3、2、1，汇总后除以样本数量再乘以 20，得到百分制的综合满意度达到 85.1%。

附表：1.因病致贫因病返贫户占比情况

2.建档立卡贫困患者数量情况

3.建档立卡贫困患者分类救治工作进度情况

4.贫困患者就诊机构统计情况

5.九种大病专项救治情况

6.建档立卡贫困患者前十位病种情况

7.2017 年度建档立卡贫困患者医疗费用保障情况

8.健康扶贫电话调查综合满意度

附表 1　因病致贫、因病返贫户占比情况

（单位：%）

地区	2016 年占比	其中主因占比	其中次因占比	2017 年占比	其中主因占比	其中次因占比
全国	42.3	35.8	6.5	42.6	23.8	18.8
河北	57.2	47.0	10.2	58.9	41.5	17.4
山西	36.7	31.4	5.4	41.6	20.5	21.0
内蒙古	48.3	41.4	6.9	60.7	35.2	25.5
辽宁	69.7	63.4	6.3	73.8	40.5	33.3
吉林	77.4	72.1	5.3	79.7	62.1	17.5
黑龙江	54.2	48.5	5.7	70.4	56.7	13.7
安徽	56.8	51.2	5.5	52.2	37.7	14.5
福建	47.8	40.3	7.5	60.5	33.3	27.2
江西	52.2	46.0	6.2	49.2	38.6	10.6

（续表）

地区	2016年占比	其中主因占比	其中次因占比	2017年占比	其中主因占比	其中次因占比
山东	62.6	53.5	9.2	76.3	57.4	18.9
河南	58.0	52.3	5.6	63.3	50.1	13.2
湖北	57.4	50.1	7.3	57.1	34.7	22.4
湖南	47.4	40.5	6.9	52.6	37.3	15.2
广西	18.1	17.6	0.5	24.1	8.0	16.1
海南	20.1	13.8	6.3	26.1	17.0	9.1
重庆	49.3	43.6	5.7	56.2	46.2	10.1
四川	52.3	46.3	6.0	50.2	25.0	25.2
贵州	21.7	13.8	8.0	21.0	13.1	8.0
云南	14.5	10.0	4.5	23.5	17.9	5.6
西藏	10.2	6.4	3.8	10.0	3.3	6.7
陕西	38.8	31.7	7.1	34.3	21.0	13.2
甘肃	30.8	15.6	15.1	26.3	9.1	17.2
青海	22.9	18.2	4.7	19.9	7.1	12.8
宁夏	22.3	13.6	8.8	23.7	8.3	15.4
新疆	10.6	7.5	3.1	18.0	13.3	4.7

附表2　建档立卡贫困患者数量情况

（单位：人数）

地区	总数	已脱贫	未脱贫 因病致贫	未脱贫 非因病致贫
全国	9678334	5255588	2887168	1535578
河北	513038	207237	242618	63183
山西	328185	191359	95369	41457
内蒙古	309098	169465	104252	35381
辽宁	210808	140707	61305	8796
吉林	214246	135184	67739	11323
黑龙江	227702	110548	91508	25646
安徽	1091408	664965	268680	157763
福建	30625	30364	233	28
江西	437404	278048	100852	58504
山东	230569	203017	25041	2511
河南	619706	195090	329523	95093

（续表）

地区	总数	已脱贫	未脱贫	
			因病致贫	非因病致贫
湖北	883778	456843	307511	119424
湖南	810758	457498	275494	77766
广西	492618	226778	123380	142460
海南	38949	30934	3816	4199
重庆	164168	128660	29194	6314
四川	720796	535327	141343	44126
贵州	346746	175498	94284	76964
云南.	851971	436468	181179	234324
西藏	15130	6860	5076	3194
陕西	543251	208886	182291	152074
甘肃	322036	140632	83708	97696
青海	56343	34231	9794	12318
宁夏	41654	23254	9872	8528
新疆	177347	67735	53106	56506

附表3　建档立卡贫困患者分类救治工作进度情况

（单位：人数）

地区	患者总数	已救治或签约服务	救治比例（％）	入院救治		慢病签约服务
				门诊	住院	
全国	9678334	9326315	96.36	5241865	2612711	7161259
河北	513038	505527	98.54	161208	118172	460297
山西	328185	327312	99.73	127407	108352	298844
内蒙古	309098	303756	98.27	145094	87704	287518
辽宁	210808	165854	78.68	40578	82419	133990
吉林	214246	204816	95.60	66127	68837	191626
黑龙江	227702	218395	95.91	107107	56452	208936
安徽	1091408	1084921	99.41	725827	473072	869781
福建	30625	18525	60.49	4181	14199	16615
江西	437404	428084	97.87	326349	88279	273264
山东	230569	199278	86.43	57116	106615	164240
河南	619706	600127	96.84	311901	203154	470190
湖北	883778	846980	95.84	493181	245741	658062
湖南	810758	787412	97.12	413723	168614	618869

（续表）

地区	患者总数	已救治或签约服务	救治比例（%）	入院救治 门诊	入院救治 住院	慢病签约服务
广西	492618	484410	98.33	348577	170939	249878
海南	38949	33877	86.98	21062	9978	15101
重庆	164168	157249	95.79	90574	47064	111815
四川	720796	689633	95.68	448798	238058	378837
贵州	346746	328693	94.79	138933	33397	271433
云南	851971	834253	97.92	506744	79797	553040
西藏	15130	9043	59.77	3095	4466	10092
陕西	543251	541796	99.73	384040	83645	453517
甘肃	322036	295438	91.74	200767	70121	235069
青海	56343	52653	93.45	15879	13128	50536
宁夏	41654	40554	97.36	25127	7689	29549
新疆	177347	167729	94.58	78470	32819	150160

附表4　贫困患者就诊机构统计情况

（单位：人数，%）

地区	入院救治人数	一级医院占比	二级医院占比	三级医院占比	县域内占比	县域外省内占比	省外占比
全国	7070797	43.91	41.26	14.83	88.05	11.22	0.72
河北	259840	46.59	43.17	10.24	87.23	11.78	0.99
山西	214838	59.78	31.92	8.30	89.84	9.72	0.44
内蒙古	198719	48.23	41.35	10.41	86.92	11.29	1.78
辽宁	111928	52.62	35.40	11.98	89.06	10.70	0.25
吉林	119723	47.35	41.56	11.10	91.11	8.67	0.23
黑龙江	138869	47.60	43.12	9.28	84.18	15.82	0
安徽	946197	38.05	46.06	15.89	86.13	12.00	1.87
福建	16647	54.03	35.88	10.09	76.52	23.30	0.19
江西	382734	37.74	46.38	15.88	89.02	10.05	0.92
山东	142354	61.11	24.38	14.51	93.64	6.24	0.12
河南	476593	52.42	36.93	10.65	84.41	14.98	0.61
湖北	674656	44.10	37.66	18.24	92.46	7.21	0.32
湖南	547181	41.96	44.15	13.89	82.49	17.51	0
广西	466733	48.86	39.02	12.12	83.33	16.67	0
海南	28496	33.99	50.17	15.84	27.47	72.53	0

（续表）

地区	入院救治人数	一级医院占比	二级医院占比	三级医院占比	县域内占比	县域外省内占比	省外占比
重庆	121315	52.90	25.32	21.78	93.74	5.90	0.36
四川	624142	54.59	28.24	17.17	97.50	2.47	0.03
贵州	166724	40.21	43.28	16.51	87.27	10.96	1.77
云南	564463	29.86	53.79	16.35	87.57	11.32	1.11
西藏	6864	58.74	25.22	16.04	74.37	24.49	1.14
陕西	441942	29.14	50.75	20.11	91.41	8.22	0.37
甘肃	257586	42.37	43.27	14.35	84.78	13.52	1.71
青海	26767	50.52	43.34	6.14	75.98	22.57	1.45
宁夏	30758	39.18	51.32	9.50	83.27	16.10	0.63
新疆	104728	52.14	34.07	13.79	92.30	7.39	0.31

附表 5　九种大病专项救治情况

（单位：人数）

地区	患者总数	已救治人数	工作进度（％）
全国	211188	201530	95.43
河北	12348	11942	96.71
山西	6882	6843	99.43
内蒙古	5297	4847	91.50
辽宁	3113	2379	76.42
吉林	3637	3445	94.72
黑龙江	2593	2450	94.49
安徽	38226	37689	98.60
福建	1816	1271	69.99
江西	12166	11826	97.21
山东	4994	4058	81.26
河南	22486	22118	98.36
湖北	19889	19051	95.79
湖南	23193	21982	94.78
广西	8019	7823	97.56
海南	517	418	80.85
重庆	3108	2899	93.28
四川	15028	14079	93.69
贵州	5523	5278	95.56

（续表）

地区	患者总数	已救治人数	工作进度（%）
云南	7367	7163	97.23
西藏	135	77	57.04
陕西	7930	7846	98.94
甘肃	4082	3644	89.27
青海	793	748	94.33
宁夏	646	598	92.57
新疆	1400	1056	75.43

注：1. 大病中白血病和先天性心脏病特指儿童（0—14 周岁）；2. 全国同时患有两种及以上的大病人数为 1462 人。

附表 6　建档立卡贫困患者前十位病种情况

（单位：人数）

地区	第一位 病种	人数	第二位 病种	人数	第三位 病种	人数	第四位 病种	人数	第五位 病种	人数	第六位 病种	人数	第七位 病种	人数	第八位 病种	人数	第九位 病种	人数	第十位 病种	人数
全国	高血压	1726444	脑血管病	1233730	糖尿病	544906	重性精神疾病	523213	冠心病	432600	慢性阻塞性肺气肿	406534	类风湿性关节炎	291140	关节病（髋、膝）	168827	重型老年慢性支气管炎	118310	老年性白内障	116854
河北	脑血管病	146311	高血压	91537	糖尿病	40992	重性精神疾病	30386	慢性阻塞性肺气肿	25639	关节病（髋、膝）	21862	类风湿性关节炎	17551	冠心病	17084	心肌病	10656	急性心肌梗塞	8895
山西	高血压	91571	脑血管病	60499	糖尿病	26579	重性精神疾病	16908	慢性阻塞性肺气肿	10523	冠心病	9333	类风湿性关节炎	8146	关节病（髋、膝）	5561	急性心肌梗塞	4022	老年性白内障	3058
内蒙古	高血压	96193	脑血管病	56153	冠心病	22876	糖尿病	17254	慢性阻塞性肺气肿	11730	类风湿性关节炎	10407	重性精神疾病	9617	关节病（髋、膝）	8296	心肌病	3813	重型老年慢性支气管炎	3452
辽宁	脑血管病	52260	高血压	19399	糖尿病	12622	重性精神疾病	10026	类风湿性关节炎	7944	冠心病	7706	关节病（髋、膝）	7433	慢性阻塞性肺气肿	7062	心肌病	5985	风湿性心脏病	3819
吉林	脑血管病	50659	高血压	39408	冠心病	20783	糖尿病	16995	重性精神疾病	10165	心肌病	7377	慢性阻塞性肺气肿	6404	类风湿性关节炎	5443	关节病（髋、膝）	4985	肺结核病	3223

（续表）

地区	第一位 病种	人数	第二位 病种	人数	第三位 病种	人数	第四位 病种	人数	第五位 病种	人数	第六位 病种	人数	第七位 病种	人数	第八位 病种	人数	第九位 病种	人数	第十位 病种	人数
黑龙江	脑血管病	61082	冠心病	38740	高血压	27015	糖尿病	10370	慢性阻塞性肺气肿	8363	重性精神疾病	6836	心肌病	4144	急性心肌梗塞	3968	类风湿性关节炎	3967	关节病（髋、膝）	3018
安徽	高血压	231130	脑血管病	213981	冠心病	104064	糖尿病	78618	慢性阻塞性肺气肿	61655	重性精神疾病	47193	类风湿性关节炎	25588	老年性白内障	23764	重型老年慢性支气管炎	19027	急性心肌梗塞	18409
福建	高血压	4617	重性精神疾病	4207	脑血管病	2704	糖尿病	2546	慢性阻塞性肺气肿	1002	终末期肾病	818	老年性白内障	532	类风湿性关节炎	509	关节病（髋、膝）	462	重型癞病	461
江西	高血压	58740	重性精神疾病	29513	脑血管病	27213	糖尿病	19289	慢性阻塞性肺气肿	19048	类风湿性关节炎	12132	肺结核病	5146	终末期肾病	5108	重型老年慢性支气管炎	4518	肝硬化	4358
山东	脑血管病	64053	高血压	29432	糖尿病	18920	关节病（髋、膝）	18403	重性精神疾病	17459	慢性阻塞性肺气肿	14307	冠心病	11262	类风湿性关节炎	9160	心肌病	6709	急性心肌梗塞	4905
河南	脑血管病	161391	高血压	99328	重性精神疾病	46386	糖尿病	44492	冠心病	31645	慢性阻塞性肺气肿	23532	类风湿性关节炎	12695	急性心肌梗塞	10521	关节病（髋、膝）	10034	心肌病	8481

（续表）

地区	第一位 病种/人数		第二位 病种/人数		第三位 病种/人数		第四位 病种/人数		第五位 病种/人数		第六位 病种/人数		第七位 病种/人数		第八位 病种/人数		第九位 病种/人数		第十位 病种/人数	
湖北	高血压	143592	脑血管病	75843	重性精神疾病	58268	糖尿病	41186	慢性阻塞性肺气肿	36372	冠心病	25340	类风湿关节炎	22928	关节病（髋、膝）	13369	老年性白内障	10541	重型老年慢性支气管炎	9478
湖南	高血压	80391	脑血管病	79558	重性精神疾病	52857	糖尿病	46090	类风湿关节炎	39134	慢性阻塞性肺气肿	32782	冠心病	28149	关节病（髋、膝）	22621	终末期肾病	12834	肺结核病	11581
广西	高血压	44691	脑血管病	27623	重性精神疾病	26135	糖尿病	13872	肺结核病	10228	慢性阻塞性肺气肿	9205	老年性白内障	8063	类风湿关节炎	7017	冠心病	5323	关节病（髋、膝）	4657
海南	高血压	9297	重性精神疾病	3240	糖尿病	2853	脑血管病	1812	老年性白内障	1091	肺结核病	918	慢性阻塞性肺气肿	761	类风湿关节炎	639	关节病（髋、膝）	456	风湿性心脏病	418
重庆	高血压	22354	慢性阻塞性肺气肿	12857	类风湿关节炎	8438	脑血管病	7612	糖尿病	6252	重性精神疾病	5908	冠心病	5187	重型老年慢性支气管炎	2098	关节病（髋、膝）	2067	老年性白内障	2020
四川	高血压	90653	慢性阻塞性肺气肿	76148	糖尿病	43319	脑血管病	42510	重性精神疾病	30546	冠心病	20589	类风湿关节炎	20510	重型老年慢性支气管炎	15235	关节病（髋、膝）	8562	老年性白内障	7389

（续表）

地区	第一位 病种/人数		第二位 病种/人数		第三位 病种/人数		第四位 病种/人数		第五位 病种/人数		第六位 病种/人数		第七位 病种/人数		第八位 病种/人数		第九位 病种/人数		第十位 病种/人数	
贵州	高血压	105956	重性精神疾病	30543	糖尿病	22017	类风湿性关节炎	14161	脑血管病	12431	慢性阻塞性肺气肿	8392	肺结核病	6711	关节病（髋、膝）	6520	冠心病	5760	重型老年慢性支气管炎	5047
云南	高血压	218967	重性精神疾病	48408	糖尿病	41957	类风湿性关节炎	31525	脑血管病	19711	肺结核病	15455	慢性阻塞性肺气肿	6711	老年性白内障		重型老年慢性支气管炎	6667	多部位骨折	6619
西藏	类风湿性关节炎	2445	高血压	1879	关节病（髋、膝）	1378	肺结核病	598	肾炎	449	老年性白内障	416	脑血管病	303	风湿性心脏病	299	肝炎	283	心肌病	278
陕西	高血压	97148	脑血管病	51464	冠心病	50622	重性精神疾病	25292	糖尿病	18539	慢性阻塞性肺气肿	14787	类风湿性关节炎	9216	重型老年慢性支气管炎	7900	老年性白内障	4874	肝硬化	4075
甘肃	高血压	47129	类风湿性关节炎	10383	冠心病	9430	类风湿性关节炎	9368	糖尿病	8800	糖尿病	8086	慢性阻塞性肺气肿	6622	肝硬化	3475	关节病（髋、膝）	3003	老年性白内障	2679
青海	高血压	15007	慢性阻塞性肺气肿	6451	慢性阻塞性肺气肿	3541	糖尿病	3008	脑血管病	2493	肝炎	1997	肺结核病	1427	重性精神疾病	1219	关节病（髋、膝）	1172	冠心病	891

（续表）

地区	第一位		第二位		第三位		第四位		第五位		第六位		第七位		第八位		第九位		第十位	
	病种	人数	病种	人数	病种	人数	病种	人数	病种	人数	病种	人数	病种	人数	病种	人数	病种	人数	病种	人数
宁夏	高血压	7465	脑血管病	2748	糖尿病	1895	慢性阻塞性肺气肿	1472	类风湿性关节炎	1364	重性精神疾病	1202	冠心病	974	关节病（髋、膝）	714	肝炎	683	肝硬化	513
新疆	高血压	53545	肺结核病	14934	糖尿病	9607	冠心病	7405	脑血管病	6361	类风湿性关节炎	5297	重型老年慢性支气管炎	4205	重性精神疾病	3736	慢性阻塞性肺气肿	3558	心肌病	2472

附表7 2017年度建档立卡贫困患者医疗费用保障情况

（单位：万元）

地区	医疗总费用	基本医保			补充保障		社会救助				自付	自付比例（%）
		新农合	大病保险	医疗救助	商业保险	政府兜底	慈善救治	医院减免	临时救助	其他		
全国	3334989	2138072	151841	166167	45784	232887	5731	12917	10030	45089	526472	15.79
河北	97235	55080	3239	3060	121	1825	281	177	177	1049	32226	33.14
山西	53847	35091	2468	2131	1503	2717	362	304	530	885	7855	14.59
内蒙古	86271	55759	2504	3909	4743	10416	225	39	189	794	7694	8.92
辽宁	20810	12642	334	949	9	699	210	228	56	339	5345	25.68
吉林	56290	34704	1143	1017	206	1252	120	532	43	663	16609	29.51
黑龙江	75981	45440	845	2496	0	1457	15	0	103	1706	23919	31.48
安徽	614774	427198	41860	45392	743	36877	661	1194	1339	9075	50435	8.20
福建	2522	1417	22	108	6	35	10	0	4	24	897	35.57
江西	235695	143726	14439	13201	21374	17980	790	1005	1064	4354	17763	7.54
山东	32021	18720	1089	466	2152	486	28	587	14	160	8319	25.98
河南	181845	104800	3493	2179	402	4367	99	0	123	1429	64953	35.72
湖北	330620	212260	11490	10428	3669	12568	284	941	689	2540	75752	22.91
湖南	379665	236806	13619	15521	2560	39579	1175	1807	2024	2665	63909	16.83
广西	231931	140424	10884	7749	3660	34716	47	0	772	1148	32532	14.03
海南	25926	17143	1098	2347	179	2143	60	0	36	126	2794	10.78
重庆	45960	25363	1335	3971	424	5202	90	364	1182	709	7322	15.93
四川	151602	95377	4750	4159	588	16099	713	3888	108	13567	12353	8.15
贵州	85231	60221	5233	3613	549	5975	130	272	273	579	8387	9.84
云南	251621	178945	13042	17513	907	14444	156	573	281	1439	24320	9.67
西藏	1045	501	88	150	8	44	0	23	7	10	216	20.67
陕西	232041	151025	12937	21794	1377	21178	139	875	453	1065	21198	9.14
甘肃	88408	54912	3912	1599	319	636	35	42	132	385	26436	29.90
青海	11408	5460	726	1398	78	62	29	19	173	147	3317	29.08
宁夏	12756	7356	1065	792	97	1836	66	6	253	204	1083	8.49
新疆	29484	17702	225	228	111	297	6	40	6	28	10840	36.77

附表8　健康扶贫电话调查综合满意度

（单位：人数，%）

地区	样本数	非常满意	比较满意	一般	比较不满意	非常不满意	综合满意度
河北	135	48.1	28.9	11.9	9.6	1.5	82.5
山西	80	50.0	35.0	10.0	3.8	1.3	85.78
内蒙古	39	43.6	43.6	12.8	0	0	86.16
吉林	37	51.4	32.4	10.8	5.4	0	85.96
黑龙江	43	37.2	48.8	11.6	0	2.3	83.66
安徽	160	63.8	28.1	6.3	1.9	0	90.82
江西	100	53.0	31.0	11.0	2.0	3.0	85.8
河南	266	51.9	32.7	10.9	4.5	0	86.4
湖北	237	46.0	40.9	11.0	1.7	0.4	86.08
湖南	238	42.9	40.8	11.8	4.2	0.4	84.38
广西	104	31.7	46.2	19.2	1.9	1.0	81.14
海南	9	55.6	33.3	11.1	0	0	88.9
重庆	21	33.3	47.6	14.3	4.8	0	81.88
四川	191	58.6	28.8	8.4	3.7	0.5	88.26
贵州	102	31.4	46.1	18.6	3.9	0	81.0
云南	162	40.7	42.0	11.7	4.9	0.6	83.4
西藏	8	37.5	50.0	12.5	0	0	85.0
陕西	113	47.8	38.1	8.8	5.3	0	85.68
甘肃	96	35.4	42.7	18.8	2.1	1.0	81.88
青海	13	30.8	53.8	7.7	7.7	0	81.54
宁夏	12	41.7	41.7	16.7	0	0	85.08
新疆	34	35.3	41.2	20.6	2.9	0	81.78
合计	2200	46.7	37.2	11.8	3.7	0.6	85.14

注：按照22个省份建档立卡"因病致贫、因病返贫"贫困人口的比例，平均每省份100户，共电话调查2200户。

（执笔人：陈卓）

第三部分　实践案例篇

健康脱贫综合医疗保障：安徽实践

安徽省是中部人口大省，2017 年常住人口为 6254.8 万人，现有国家扶贫工作重点县 20 个，省级扶贫工作重点县 11 个，大别山地区为集中连片特困地区。2015 年年底，全省建档立卡贫困人口为 308.78 万人，其中因病致贫返贫占比 57.2%，高于全国同期平均水平 15 个百分点，患病成为安徽省农村家庭致贫返贫的首要因素。2015 年 11 月，习近平总书记在中央扶贫开发工作会议上指出，要建立健全医疗保险和医疗救助制度，对因病致贫或返贫的群众给予及时有效救助。2016 年 4 月，习近平总书记视察安徽省金寨县时指出：因病致贫、因残致贫问题时有发生，扶贫机制要进一步完善兜底措施，在医保、新农合方面给予更多扶持。为深入贯彻习近平总书记系列重要讲话特别是视察安徽重要讲话精神，贯彻落实国家卫生健康委等 15 部委《关于实施健康扶贫工程的指导意见》，着力解决因病致贫、因病返贫难题，2016 年安徽省启动实施健康脱贫工程，构建了"三保障一兜底一补充"的综合医疗保障体系，县级政府设立健康脱贫医疗专项补助资金，对贫困人口医药费用实行全面兜底保障，取得显著成效。

一、经验做法及取得的成效

安徽省委、省政府高度重视健康脱贫工作，高位推动，综合施策，建立了"保、治、防、提"协同配合的政策体系和工作机制，以"保"为重点。贫困人口看病就医更加便捷，个人医药费用负担大幅减轻。两年来，全省已有 37.8 万因病致贫返贫户脱贫，因病致贫返贫占比下降到 43.8％。中央政治局常委、全国政协主席汪洋，时任国务院副总理的刘延东分别作出重要批示，对安徽省健康脱贫政策予以充分肯定。

（一）建立完善政策体系

安徽省政府出台《关于健康脱贫工程的实施意见》，省政府办公厅印发《健康脱贫综合医疗保障实施细则》，省卫生计生委会同省扶贫、财政、民政、人力资源和社会保障等部门研究制定了一系列配套文件，形成健康脱贫"1+N"政策措施体系，进一步细化要求、压实责任、落实资金。从"提高保障水平、优化医疗服务、加强疾病防控、提升服务能力"等方面实施倾斜政策"组合拳"，明确"保是重点、治是关键、防是根本、提是支撑"的总体思路和工作路径。通过"降支出、减存量、控增量、强能力"，精准施策，防治结合，标本兼治，合力攻坚，努力让贫困人口"看得起病、看得好病、看得上病、少生病"，切断疾病与贫困之间的恶性循环，从而有效控制"因病致贫、因病返贫"。

（二）全面实行兜底保障

实施健康脱贫工程，首要任务是提高贫困人口医疗保障水平，大幅减轻其个人医药费用负担，解决"不敢看病""看不起病"的问题。为此，安徽省创新构建了"三保障一兜底一补充"（"351""180"）综合医疗保障体系，对贫困人口实行"超常规"的全面兜底保障。省卫生计生委会同有关部门制定印发了《贫困人口综合医疗保障制度实施方案》《贫困人口慢性病门诊补充医疗保障实施方案》《贫困人口慢性病及重大疾病保障指导目录》等相关配套文件，进一步细化举措、压实责任、落实资金，推动健康脱贫"三保障一兜底一补充"综合医疗保障政策精准落地。

贫困人口看病，首先提高基本医保（新农合）、大病保险、医疗救助三重保障待遇水平，实行"两免两降四提高"特惠政策，免缴费、降门槛、提标准。"两免"：一是贫困人口一律免缴个人参保费用，由财政全额代缴；二是免交住院预付金，实行"先诊疗后付费"。"两降"：一是降低基本医保（新农合）住院补偿起付线，贫困人口在乡镇卫生院、县、市、省级医疗机构住院补偿起付线分别由 150 元、500 元、1500 元、2500 元左右统一降至 100 元、300 元、500 元、1000 元；二是大病保险起付线从 1 万—2 万元统一降至 5000 元。"四提高"：一是提高新农合补偿比例。县域内普通门诊医药费用限额内报销比例提高至 70%；常见慢性病县域内门诊就诊免起付线，年度限额内按病种实际补偿比例提高至 75%；特殊慢性病在省内医疗机构门诊就诊免起付线，按住院补偿政策进行补偿。贫困人口在乡镇卫生院、县级、市级、省级医疗机构住院治疗的合规医药费用分别按照 80%、70%、65% 和 60% 比例进行保底补偿。特殊慢性病住院治疗保底补偿比例分别提高 5 个百分点。患目录内重大疾病，在市级、省级医疗机构住院治疗实行按病种付费，补偿比例提高到 70%。按照要求实行逐级转诊的，补偿比再提高 5 个百分点。二是提高重大疾病及慢性病保障水平。贫困人口重大疾病目录病种由 12 组增加到 44 组，慢性病病种由 20 组增加到 45 组，其中常见慢性病 31 组，特殊慢性病 14 组。三是提高大病保险分段补偿比例。各段补偿比例在原有基础上分别提高了 10 个百分点，从 50%—80% 提高至 60%—90%。四是提高医疗救助标准。贫困人口全部纳入医疗救助范围，医疗救助水平按年度住院和特殊慢性病门诊合规医药费用的 10% 给予补助。

在上述医保"特惠"基础上，设定"351"政府兜底保障线，并实行慢性病门诊"180"补充医疗保障，进一步强化大病住院和慢病门诊医疗保障。贫困人口在省内县域内、市级、省级医疗机构就诊，个人年度累计自付合规医药费用分别不超过 3000 元、5000 元和 1 万元，剩余合规医药费用全部由政府兜底；贫困慢性病患者 1 个年度内门诊医药费用经基本医保等补偿后，剩余合规医药费用由补充医保再报销 80%。

通过"三保障"，贫困人口基本医疗保障水平显著提高；通过"一兜底"，贫困人口年度自付医药费用有了封顶线和明确预期，大病有了兜底保障；通过"一补充"，贫困人口慢性病门诊医药费用负担大幅减轻。同时，实行"脱贫不脱政策"，已脱贫人口继续享受综合医保政策。安徽省政府兜底政策的特点在于，设置自付费用"封顶线"以后，越是花费多的大病、重病报销比例越高，兜底保障的政策效应愈加明显。费用"有底"了，贫困人口心里也就"有底"了，生病及时就医，治病有了保障，就不会出现"小病扛、大病躺"的现象。

据统计，2017 年全省贫困人口住院救治 118.9 万人次，共发生医药费用 62.71 亿元，其中综合医保补偿 58.34 亿元，平均实际补偿比为 93%；贫困人口慢性病门诊 187.5 万人次，共发生医药费用 9.71 亿元，其中综合医保补偿 9.37 亿元，平均实际补偿比为 96.5%。全省落实贫困人口综合医保政策年度支出总计 76.44 亿元，年新增支出约 32 亿元。2018 年 1—6 月，全省贫困人口住院医药费用平均实际补偿比为 90.04%，慢性病门诊医药费用平均实际补偿比为 96.01%。2018 年，省政府把优化"351""180"政策列为重点任务，确保重大疾病贫困患者个人自付比例不超过 10%。

同时，全省各地积极进行政策探索创新。近半数有健康脱贫任务的县（区、市）探索建立了非贫困人口大病再保险政策，努力破解政策"悬崖效应"，有效防范贫困边缘人口因病致贫返贫。有的地方探索以政府购买服务的形式，为贫困人口购买商业健康补充保险，引入商业保险机构运作管理，纳入贫困人口"一站式"即时结算系统，为贫困人口重大疾病患者增加一道保障线。

（三）优化服务便捷就诊

一是精准识别保障对象。加强与扶贫部门沟通协调，逐人比对身份信息，逐人核实参合参保情况，逐人导入基本医保（新农合）结算系统，确保精准识别、"应保尽保"。2016 年、2017 年集中开展两轮因病致贫返贫情况摸底调查，逐户、逐人、逐病核实贫困人口健康状况和救治情况信息，建立健康扶贫动态管理系统，动态跟踪管理救治过程。各地组织医疗团队，对 44 组大病、45 组慢病贫困患者进行筛查确诊，发放《健康脱贫医疗服务证》150 万份，发放《慢性病证明》90.7 万份。

二是全面建立"先诊疗后付费"和"一站式"即时结算系统。制定《贫困人口综合医保"一站式"结算信息系统建设方案》和统一的技术规范，投入专项资金，对省、市、县、乡、村五级医疗机构和基本医保（新农合）信息系统进行改造升级，实现信息互联互通。各级医疗机构全员动员，开通"一站式"结算窗口，设置健康脱贫病房，提供绿色就医通道。贫困人口在省域内定点联网医疗机构就诊，凭有效证件全面实行"先诊疗后付费"和"一站式"即时结算，取消住院预付金。贫困人口在出院时只须缴纳个人自付医药费用，其他费用由医疗机构与医保经办机构按规定结算，最大程度减轻贫困患者的"垫资""跑腿"负担。

三是实施大病专项救治和慢病管理。制定《贫困人口大病专项救治工作实施方案》，启动实施国家确定的九种大病集中救治工作。按照"四定两加强"要求，省级成立22个专家指导组，确定131家省、市、县三级定点医院，明确临床路径和按病种收（付）费标准。依托基层脱贫工作队伍，对贫困大病患者实行分片包干，对接服务到人。逐级建立大病专项救治台账，逐人逐病制定诊疗方案，对每个救治对象实行专项救治和动态追踪管理。在此基础上，2017年安徽省新增乳腺癌、宫颈癌、甲状腺癌、前列腺癌、膀胱癌、白内障6个专项救治病种，按规范要求开展救治管理。目前，已累计完成15种大病专项救治4.16万例。组建"1＋1＋1"家庭医生团队，实现贫困人口签约服务全覆盖。区别不同健康状况，实行分类健康干预，免费提供基本公共卫生、健康体检、预约转诊等服务。将慢性病管理和保障目录扩大至45组，发放慢病证明，纳入重点服务管理范围。全省统一部署，聚焦特定贫困群众，为行动不便贫困患者开展送药上门服务，推行贫困人口高血压、糖尿病等慢性病用药"长处方"，加强村卫生室药品登记配送、使用管理，进一步方便贫困群众取药报销。

（四）强化资金使用管理

会同省财政厅等部门制定的《贫困人口综合医保资金保障和监督管理暂行办法》《贫困人口慢性病门诊补充医疗保障资金管理暂行办法》，明确健康脱贫"三保障一兜底一补充"综合医保政策的资金筹集、拨付使用、监督管理等具体要求。基本医保（新农合）和大病保险按现有资金渠道筹集管理。医疗救助资金由民政部门管理的城乡医疗救助基金支出。各县（区、市）设立健康脱贫医疗专项补助资金和补充医疗保障专项资金，专项用于"351"政府兜底保障线和慢性病门诊"180"补充医疗保障，由各县（区、市）政府从预算资金和统筹整合的各类脱贫专项资金中安排，承担兜底保障责任。省财政根据各地贫困人口等因素给予补助。两年来，省财政已累计下拨健康脱贫专项补助资金 6.5 亿元。基本医保（新农合）和医疗救助基金如出现缺口，通过申请省级风险金、财政补贴等方式予以兜底弥补。

（五）严格规范诊疗行为

制定《贫困人口分级诊疗办法》，贫困人口实行定点就诊、基层首诊和分级转诊，县域外转诊实行备案管理。建立健全规章制度，强化医疗质量和医疗行为监管考核评价，严格规范医疗机构诊疗行为，严控不合理检查、药品、耗材等费用，同时也明确对患者必要的联动约束措施。制定"先诊疗后付费和行为规范协议书"模版印发全省，贫困人口住院治疗时推行医患双方签订协议书，约束、规范双方诊疗行为。日常暗访督察重点关注贫困人口"挂床"住院、大处方等违规行为，发现问题严肃查处。利用省级平台对各县（区、市）贫困人口医疗费用实行动态监控，按月分析研判，及时通报处理。目前，贫困人口医药费用支出基本符合预期，基本医保基金运行总体平稳，风险总体可控。

（六）统筹推进狠抓落实

一是加强政策运行保障。省政府成立健康脱贫工作领导小组，研究解决重大事项，多次召开全省健康脱贫工作推进会，部署推动任务落实。省卫生计生委成立工作指导组，设立"健康脱贫工作办公室"，抽调 6 名专职人员。建立委领导分片联系督导制度，制定行动计划和重点任务清单，明确相关处室职责，实行清单管理、挂图作战。

二是强化督导考核。健康脱贫列为省政府民生工程，纳入脱贫攻坚工作成效考核，并实行专项考核。坚持以示范县创建为动力，全面开展创建，会同省扶贫办授牌首批省级示范县22个。实行"月点评、季通报"和约谈调度制度，制定暗访督察实施办法，梳理基层工作常见问题清单，实行"不打招呼、不听汇报、不要陪同"的暗访督察常态化，省、市、县三级联动，每年实现两轮以上暗访督察全覆盖，督察结果作为年度考核主要依据。建立排查责任和激励机制，对发现的问题及时通报市县，召开调度会，问题突出的进行约谈。

三是注重政策宣传和舆论引导。下发《关于进一步做好健康脱贫宣传工作的通知》，明确宣传重点、宣传方式和工作要求。召开新闻发布会，组织中央、省级媒体深入基层一线集中采访，统一编印《健康脱贫工作手册》和5万份政策宣传画发放全省，进村入户、宣传到人。通过广泛深入的健康脱贫社会宣传、政策宣讲和业务培训，让各级干部统一思想认识，让贫困群众了解掌握政策，让社会各界理解支持配合，营造健康脱贫工作的良好氛围。

二、存在问题和成因分析

一是健康脱贫攻坚拔寨的任务仍然十分艰巨。安徽省因病致贫返贫人口基数大，占比仍然最高。加之疾病具有偶发性、难治性、长期性、反复性，随着脱贫攻坚的深入推进，身体健康、有劳动能力的贫困人口将逐步摆脱贫困，因病致贫返贫问题会更加凸显，健康脱贫啃硬骨头、攻坚拔寨的任务仍十分艰巨。二是新农合对贫困人口"特惠"政策力度大，少数县区基金支出压力明显增大。三是贫困地区医疗卫生服务能力不强、人才短缺等问题短期内难以根本改变，贫困患者大病外转率高，导致医疗总费用及个人自付费用均大幅增加。据统计，2017年全省31个扶贫重点县平均千人床位数、执业（助理）医师数、注册护士数分别为4.17张、1.57人和1.61人，较同期全省平均水平低14.7%、18.7%和27.2%，更是远低于全国平均水平。

三、下一步工作打算

下一步，安徽省将紧紧围绕党中央和省委、省政府决策部署，全面实施健康扶贫三年攻坚行动，聚焦深度贫困地区，聚焦贫困大病、慢性和重病病患者，进一步完善政策措施，强化工作调动和考核评估，不断巩固和扩大健康脱贫成果，纵深推进健康脱贫工作不断取得新突破、新成效。

一是进一步加大对贫困人口重大疾病政府兜底保障力度，确保个人合规医药费用自付比例不超过10%。引导社会组织、慈善机构和爱心人士积极参与健康脱贫工作。

二是进一步推进建立贫困边缘群体的医保倾斜政策，逐步提高非贫困人口医疗保障水平，关口前移，有效防范因病致贫返贫。

三是进一步规范和改善医疗服务，逐步扩大大病专项救治病种，做实做细家庭医生签约服务，规范慢性病随访管理。加强基层医疗机构慢性病药物供应保障和结算管理，切实方便贫困人口取药报销。进一步加强诊疗行为监管，严控过度医疗行为，防范基本医保（新农合）基金风险，保障健康脱贫综合医保政策平稳实施。

四是进一步加快推进贫困地区特别是深度贫困地区、革命老区县、乡、村三级医疗卫生机构标准化建设，实现线上医疗服务网络全覆盖，便捷开展远程医疗等服务。

（执笔：安徽省卫生计生委）

构建"四重保障"政策：云南实践

云南省一直是全国脱贫攻坚的主战场之一，有 88 个贫困县，其中 27 个为深度贫困县，建档立卡贫困人口 754.4 万人，其中 332.1 万人未脱贫，贫困县数量、贫困人口数量和贫困种类全国最多，贫困程度最深。全省因病致贫返贫的有 20.5 万户、79.3 万人，因病致贫返贫率达 23.49%，是主要的致贫原因。云南省委、省政府把健康扶贫作为脱贫攻坚的关键性战役来抓，为确保贫困人口基本医疗有保障，出台以构建"四重保障"为核心的《云南省健康扶贫 30 条措施》，坚决守住因病致贫返贫底线。

一、主要做法及成效

（一）基本医保扩面提标

采取总体纳入医保报销系统享受参保待遇的做法，全省建档立卡贫困人口（包括 2014 年以来脱贫后继续享受扶贫政策的人群）实现 100% 参保。用药范围、诊疗项目分别增加到 2888 种和 5003 项。对建档立卡贫困人口实行"一补两免三提四做到"。"一补"即建档立卡贫困人口参加基本医保个人缴费部分由财政全额补贴；"两免"即免除建档立卡贫困人口基层门诊一般诊疗费个人自付部分和乡镇卫生院住院报销"门槛费"；"三提"即建档立卡贫困人口普通门诊年度报销限额提高 5 个百分点，28 种疾病门诊政策范围内报销比例提高到 80%，乡镇卫生院政策范围内住院费用报销比例从原来的 85%—95% 提高到 90%—95%，县级医疗机构从原来的 65%—85%

提高到 80%—85%，州市级和省级医疗机构从原来的 50%—65% 提高到 70%；"四做到"即做到建档立卡贫困人口县域内住院实际报销比例不低于 70%，符合转诊转院规范到县域外住院的单人单次住院政策范围内报销比例不低于 70%，36 种国家谈判药品纳入医保报销范围，20 项新增残疾人康复项目纳入医保报销范围。

（二）大病保险实施倾斜

对建档立卡贫困人口实行"一降二提一扩大"的优惠政策。即：大病保险住院起付线降低 50%；年度报销限额提高 50%，政策范围内费用报销比例提高到 70%（比其他城乡居民高 10—20 个百分点）；保障范围扩大到罹患 25 种特殊病的建档立卡贫困人口门诊医疗费用。

（三）医疗救助力度加大

将所有建档立卡贫困人口全部纳入医疗救助范围，取消建档立卡贫困人口医疗救助起付线，年度累计救助封顶线不低于 10 万元，符合转诊转院规范住院发生的医疗费用，政策范围内经基本医保、大病保险报销后达不到 90% 的，通过医疗救助报销到 90%。省级财政按照建档立卡贫困人口年人均 10 元的标准给予各地补助。

（四）建立政府兜底保障防线

对建档立卡贫困人口通过基本医保、大病保险、医疗救助报销后，符合转诊转院规范住院医疗费用实际补偿比例达不到 90% 和个人年度自付的符合转诊转院规范的医疗费用仍然超过当地农村居民人均可支配收入的部分，由县级政府统筹资金进行兜底保障。省级财政按照建档立卡贫困人口年人均 60 元的标准给予各地补助。各州市、县区市进一步统筹整合资金用于兜底保障。

（五）开展"一站式一单式"服务

县域内定点医疗机构对建档立卡贫困人口实行"先诊疗后付费"。建档立卡贫困人口在县域内定点医疗机构住院时，持社会保障卡、有效身份证件即可办理入院手续，无须缴纳住院押金。出院时，由定点医疗机构通过信息系统计算出基本医保、大病保险、医疗救助和兜底保障等政策措施报销补偿金额后，缴清个人自付费用即可出院，相关费用由定点医疗机构统一先行垫付然后再和有关部门进行结算，打通了政策报销的"最后一公里"，大幅减轻了贫困群众"跑腿垫资"。

（六）对年度费用开展"回溯回补"报销

对 2017 年度云南省健康扶贫 30 条出台之前发生的医疗费用，以及上一年度建档立卡贫困人口个人自付超过当地农村居民人均可支配收入部分费用，通过医保信息系统结算、基层社会保障服务站发放，对建档立卡贫困患者进行费用"回溯回补"报销，极大提升了群众满意度，有效减少了因病致贫返贫。

2017 年，全省建档立卡贫困人口门诊 28 种疾病实际报销比例为 86.34%，住院实际报销比例为 90.26%，属于个人自付比例控制在 10% 以内的全国 9 个省（区、市）之一。年内实现因病致贫返贫人口脱贫 8.3 万户、32.2 万人，与全省建档立卡贫困人口脱贫进度保持同步，在国家卫生健康委组织的行业扶贫专项评估中位列中西部省（区、市）第七位，受到国家通报表扬。2018 年上半年，云南省建档立卡贫困人口医疗费用个人自付比例为 9.64%，属于继续保持在 10% 以内的 8 个省之一，在全国卫生计生财务暨健康扶贫工作会议、国家卫生健康委和国务院扶贫办联合召开的全国健康扶贫三年攻坚工作会议上两次作大会经验交流。

二、主要经验

（一）党委政府高度重视是关键

云南省委、省政府高度重视健康扶贫，建立高位推动机制，采取超常规举措推动健康扶贫。省委常委会、省委深改领导小组会、扶贫开发领导小组会、政府常务会多次研究健康扶贫工作。专门召开省委、省政府全省健康扶贫工作电视电话会议，成立由分管副省长任组长的健康扶贫领导小组，以上率下，层层作出示范推动工作。

（二）强化资金保障是基础

云南省委、省政府经过专题研究、专门测算，2017—2020 年计划投入近 70 亿元资金专项用于健康扶贫，加快推进建档立卡贫困人口基本医保、大病保险、医疗救助和医疗费用兜底"四重保障"等制度建设。其中全额资助建档立卡贫困人口参保省级补助资金每年近 13.6 亿，用于兜底保障的每年约 6 个亿。

（三）良好的政策设计是引领

云南省健康扶贫 30 条措施明确了"四重保障"之间的层级关系和报销比例，明确了各重保障资金来源，与国家考核标准、原有优惠政策进行紧密衔接。"708090"的报销比例基层容易掌握，群众通俗易懂，定点医疗机构全面落实"一站式一单式"即时结报，精确到人、精细到病地落实了"四重保障"政策。

（四）发挥好保障合力是关键

将兜底保障统一交由人社部门经办，发挥医保中心的经办优势、信息优势和监管优势。依托医保信息系统将民政医疗救助费用结算统一纳入端口和计算公式，贫困人口出院时只需支付个人自付部分即可，由医院先行垫付，人社、民政部门按月结算、拨付医院垫付的保障资金，变患者跑为信息跑，个人垫为机构支。定期对各统筹区域"四重保障"支出情况进行分析、汇总，提高资金使用效益。

三、存在的问题和困难

（一）贫困人口基数大，财政支出任务重

云南省目前有建档立卡贫困人口（含历史脱贫和返贫）755 万人，按照"脱贫不脱策"的要求，全部纳入健康扶贫保障范围，仅落实资助参保、家庭医生签约每年就需增加支出 14.4 亿元，全面落实"四重保障"政策措施还需增加支出约 10 亿元。而省级财政自给率仅为 35%，地方一般公共预算收入仅为 3799 元，深度贫困地区基本上是"吃饭财政"，财政支出压力大。

（二）"四重保障"资金由多个部门经办管理，保障合力仍须增强

目前，基本医保由人社部门统一经办管理，大病保险由人社部门管理、交由商业保险公司经办，医疗救助则由民政部门管理，兜底保障目前实行以人社部门经办为主。各重保障资金来源渠道不相一致，保障人群互有交叉重复，其中基本医保、大病保险、医疗救助除了保障建档立卡贫困人口还需兼顾其他人群。此外，基本医保、大病保险实行的是州市级统筹，民政医疗救助、兜底保障则在县级统筹，资金、管理均存在碎片化问题，亟须加强整合。

（三）全国扶贫动态系统与健康扶贫动态管理系统数据仍有差异

全国扶贫动态系统更新以后，参保人群、"四重保障"补助资金下拨、个人缴费收取、报销待遇享受、病人救治管理均需动态跟进，给医保基金管理、财政资金下拨、基层健康扶贫管理带来较大困难。

四、下一步工作打算

（一）加强"四重保障"制度衔接

根据机构改革进度，将建档立卡贫困人口基本医保、大病保险、医疗救助和兜底保障资金交由人社部门统一管理，总体上提高健康扶贫综合保障资金效益，降低管理成本。加强对建档立卡贫困人口就诊情况、医疗费用支出情况的动态监测。指导部分地区进一步降低部分统筹地区大病保险起付线，调整住院"门槛费"报销政策，综合运用"四重保障"递进报销、规范转诊转院、集中定点救治、明确医保支付方式等"政策组合拳"，将建档立卡贫困人口医疗费用增长控制在合理范围。

（二）及时纠错纠偏，努力防止"悬崖效应"

针对个别地方脱离实际、拔高标准、吊高胃口，过度提高报销比例；一些地方针对建档立卡贫困人口开设绿色通道、专门病房；个别地方发放生活补贴，容易引发非贫困户与贫困户矛盾的情况；以及部分定点医疗机构存在转诊随意、小病大治等情况，作为脱贫攻坚督察巡查、健康扶贫作风问题专项治理、年终考核的重点，全面对标排查、及时纠错纠偏。强化宣传引导，规范医疗机构诊疗行为，落实分级诊疗制度要求，引导建档立卡贫困人口科学合理就医。

（三）对提升县级公立医院医疗服务能力展开集中攻坚

通过"卫生补短板"项目、中央预算内项目、县级综合医院提质达标晋级工程和临床重点专科建设等项目倾斜，以及全科医生特岗计划、农村订单定向医学生免费培养、住院医师规范化培训、紧缺人才培训等项目优先覆盖，实行县招县管乡用和"乡聘村用"的人才管理模式等方式激活，强化对口帮扶和县域医共体、远程医疗"乡乡通"建设等综合手段，切实提升我省县级公立医院医疗服务能力，减少外转病人，降低贫困人口费用负担，减轻财政兜底保障压力。

（执笔：云南省卫生计生委）

扩大大病专项救治范围：山西实践

农村贫困人口大病专项救治工作启动以来，山西省卫生计生委高度重视，在全国率先出台省级层面的专项救治工作方案，在全省范围内对 24 种重特大疾病实施集中医疗救治。从救治能力和保障水平"双提升"入手，推动大病专项救治工作取得显著成效。截至 2018 年 6 月 30 日，全省已为30640 名大病患者建立台账，救治 30543 人，救治率达 99.7%；其中，国家层面确定的 9 种大病筛查 8280 人，救治 8237 人，救治率达 99.5%。

一、主要做法

（一）科学谋划布局，率先出台政策

按照 15 个部门联合印发的《关于实施健康扶贫工程的指导意见》和山西省政府办公厅《关于进一步完善医疗救助制度、全面开展重特大疾病医疗救助工作的实施意见》，山西省卫生计生委积极协调扶贫、民政等部门，坚持精准扶贫精准脱贫基本方略，加强资源整合和统筹推进，在全国八个试点省中率先出台了省级层面的专项救治工作方案，实施重大疾病集中医疗救治，为打赢脱贫攻坚战、确保农村贫困人口大病患者与全省人民一道奔小康提供健康保障。

一是拓展实施范围。在病种层面，在国家要求的九种重大疾病基础上，结合山西实际，将专项救助范围扩展到 24 种。在定点医院方面，22 种疾病

的首批定点医院均为三级医院，重性精神病、终末期肾病扩展到二级医院；并结合《山西省新型农村合作医疗管理中心关于进一步做好重大疾病救治补偿工作的通知》，按照"保证质量、方便患者"的原则，会同民政部门逐步将定点医院范围扩大到具备诊疗条件的县级医院。

二是凝聚工作合力。将专项救治工作纳入脱贫攻坚和健康扶贫的领导责任制，协同建立新农合（基本医保）、医疗救助等制度的衔接联动机制，按照"省级组织、市级负责、县乡落实"的基本原则，细化工作任务，明确时间节点，做到组织有力、工作有序。为强化协作配合，在部门之间，明确了卫生计生、扶贫及民政部门的职责分工；在卫生计生委内部，针对相关处室和单位，进行了任务和责任分解，建立起工作推进和责任落实的刚性约束机制。

三是加强信息管理。明确专项救治对象是"健康扶贫管理数据库"建档立卡的农村贫困人口和经民政部门核实核准的农村特困人员和低保对象（统称农村贫困人口），由定点医院按月报送医疗救治信息，卫生计生、扶贫和民政部门协同强化信息动态管理，分别指定职能科室和专人负责数据库数据对接、管理、统计、分析工作，在做好基本信息统计的同时，为开展医疗质量、安全及效率评价，持续改进相关工作提供科学的数据支撑。

（二）细化工作措施，实施精准救治

将专项救治工作纳入健康扶贫工程和分级诊疗制度建设大局，落实精准识别、精准救治，为基层群众提供优质、高效、便捷的连续性医疗服务。

一是建立救治台账。由卫生计生行政部门会同扶贫、民政部门，依托基层医生队伍和计生服务网络队伍，严格识别标准，做好摸底排查、组织工作，进一步核准农村贫困人口中因病致贫、因病返贫患病人数和患病病种情况。同时，按照"乡村摸底排查、县级审核确定、市级建立台账"的原则，建立大病专项救治台账，落实一户一档、精确到人，对符合救治条件的贫困人口实施集中管理、动态追踪、统筹安排。

二是实施连续性医疗服务。按照"基层筛查、县级转诊、定点救治"的

工作思路，充分发挥县级医院的龙头枢纽作用，一方面，加强对基层医疗卫生机构的业务培训、技术指导，切实做好大病的诊断工作；另一方面，依托覆盖全省的医疗联合体纵向协作关系，针对不同救治病种，分别和上级医院签订双向转诊协议，建立便捷、畅通的上转渠道。省、市定点救治医院结合分级诊疗制度建设，做好和县级医院的对接工作，开通就医绿色通道，设置相对固定的病区、病房，为救治对象提供优先接诊、优先检查、优先住院等服务，确保基层患者有序就医、明白就医、方便就医。

三是强化质量控制。出台了相关病种的临床路径，对平均住院日及费用标准提出了调整建议，指导定点医院严格落实相关疾病诊疗指南规范和临床路径，优先选择基本医保目录内安全有效、经济适宜的诊疗技术和药品、耗材，实施单病种费用控制，切实减轻基本医疗保障体系和基层患者的负担。省卫生计生委组织制定重大疾病医疗质量管理与控制标准，成立了山西省农村贫困人口大病专项救治诊疗专家组，对定点医院提供技术支持和指导，开展质量管理、业务培训和评价考核等工作，切实保障医疗质量与患者安全。

（三）完善支付方式，提高保障水平

坚持托住底线的原则，进一步健全工作机制，完善政策措施，强化规范管理，加强统筹衔接，不断提高医疗救助水平，最大限度减轻贫困群众医疗费用负担，切实编密织牢保障民生安全网。

一是实行单病种付费。对于纳入专项救治范围的 24 种重特大疾病，全面推行定点医院按病种付费管理。24 种重特大疾病的主要治疗方法、限制性规定及单病种费用标准，延续执行《山西省新型农村合作医疗管理中心关于开展省级新农合定点医院重大疾病即时结报协议化管理的通知》，保证了工作的连续性，有效控制了费用的不合理增长。

24 种重特大疾病单病种限额内的费用由基本医保基金、医疗救助基金和患者共同支付，超过限额标准的费用由定点医院承担。其中，基本医保基金补偿比例为 70%，医疗救助对符合条件的患者再补助 20%。对仍有困难的贫困患者，积极落实相关救助政策，加强与城乡居民大病保险、疾病应急

救助及各类补充医疗保险的有效衔接，切实保证医疗保障的水平。

二是推行"一站式"结算。在对 24 种重特大疾病实行定点医院按病种付费管理的基础上，积极推进专项救治工作协议化管理，由定点医院与患者所属医保经办机构和民政部门签订重大疾病即时结报协议，住院费用在出院时即时结报，贫困患者只需付自负部分费用，医疗救助费用由定点医院先行垫付，医疗救助经办机构随后拨付。定点医院均设立了综合服务窗口，确保基本医保和医疗救助"一站式"信息交换和即时结算。

三是落实"先诊疗后付费"。积极协调相关部门，合力推动贫困人口住院"先诊疗后付费"。凡参加城乡居民基本医保的农村贫困住院患者，在县域内定点医疗机构，持社会保障卡（参合证明）、有效身份证件和扶贫部门出具的贫困证明或民政部门出具的低保、特困等相关证明（证件）办理入院手续，并签订"先诊疗后付费"协议后，无须交纳住院押金，直接住院治疗。患者出院时，定点医疗机构即时结报城乡居民医保应补偿部分，补偿后个人应承担的费用由患者结清。此项工作已在全省所有县区推开。

（四）创新工作模式，切实惠及民生

以"改善贫困群众就医感受、让贫困群众得到真实惠"为出发点和落脚点，结合山西省省情，把一批行之有效、广泛适用的措施提升、固化成为工作制度，全力组织实施，取得了良好效果。

一是打造健康扶贫"双签约"。省政府办公厅下发了《山西省建档立卡农村贫困人口健康扶贫"双签约"服务实施方案》，创新农村医疗卫生服务方法，通过建立乡村干部（包括包村干部、驻村帮扶干部、第一书记、村"两委"干部，下同）、家庭医生签约团队与全省建档立卡贫困人口中的因病致贫、因病返贫困难群众"双签约"工作机制，同步建立健康服务家庭医生团队和医疗服务政策保障团队，努力解决群众对健康扶贫政策不知情和群众就医报销难问题，打通政策落实"最后一公里"。第一，推行县、乡、村三级联动巡回医疗服务模式，针对贫困患者个体健康需求，拉出问题清单、措施清单和责任清单。对列入健康扶贫清单的对象，县乡村三级责任医生分别在每季度、每月、每周通过电话或上门巡诊等方式提供一次健康服务，县级医院联合乡镇卫生院为筛查出的贫困疾病患者免费组织一次健康体检；对筛查出的大病、慢病和重病患者，纳入健康扶贫工程"三个一批"保障范围。第二，乡村干部主动靠前，包片到户，逐户逐人核实政策落地情况，指导和帮助落实基本医保、大病保险、医疗救助、商业补充保险等政策补偿；并动员各类经济组织和社会力量帮助解决贫困对象家庭生产、生活问题。第三，建立签约服务贫困对象疾病诊治、费用报销情况台账制度和信息沟通机制，家庭医生签约团队和乡村干部签约团队定期将签约对象诊疗情况、医疗费用支出和政策补偿情况进行汇总和交换，为开展精准帮扶提供决策依据。

二是建立大病救治长效机制。按照常态化救治和集中救治相结合的原则，省卫生计生委集中时间、集中力量救治罹患 24 种重特大疾病的农村贫困大病患者；在提高医疗服务整体效率的同时，强化基本医保、大病保险、医疗救助等制度的衔接保障，最大限度减轻贫困群众医疗费用负担。

具体工作中，第一，落实集中救治，对符合救治条件的贫困人口进行集中管理、统筹安排，按病种实施集中收治；第二，打通转诊通道，针对定点医院多为三级医院、基层贫困群众就医不便的问题，做好省、市定点救治医院和县级医院、属地卫生计生行政部门的对接工作，建立并巩固便捷、畅通的转诊渠道，保证连续性医疗服务；第三，强化质量管理，依托省、市两级医疗质控组织和临床诊疗专家组，集中力量强化质量管控和技术指导，规范诊疗行为，控制医疗费用不合理增长；第四，注重宣传引导，结合集中救治的工作力度和取得的良好效果，加强政策宣传，提高基层干部群众和农村贫困人口的知晓度，营造健康扶贫良好氛围。同时，强化"服务月"集中救治和日常专项救治的衔接，要求各地不得因开展"服务月"活动影响日常工作的开展，延误大病患者救治；"服务月"活动结束后，要按照已建立的大病救治机制继续实施推进，保证"工作不断线"。"大病专项救治服务月"活动启动后，仅 2017 年首次实施就集中救治患者 4000 余名，有效提高了服务效率，固化了救治模式，营造了良好氛围，为深入实施推进该项机制打下了坚实基础。

三是以医保改革破解因病致贫返贫。山西省委、省政府印发《山西省农村建档立卡贫困人口医疗保障帮扶方案》，省政府下发《关于进一步完善城乡居民医疗保险政策的通知》，投入40多亿元推出两项医保改革。

前者是全新的制度安排，针对特定群体开展阶段性帮扶，共计年度投入11.7亿元，专门用于解决全省201万农村建档立卡贫困人口的医疗费用报销问题。其核心内容是"三保险、三救助"。"三保险"：即通过基本医保、大病保险和补充医疗保险"三保险"报销，确保贫困人口住院总费用实际报销比例达到90%以上。其中，医保目录内费用，个人自付住院实行"136"控制机制，即县级医院住院费用个人年度负担总额不超过1000元，市级医院不超过3000元，省级医院不超过6000元，超过部分由人社部门医保基金兜底报销。医保目录外控制比例范围内的费用，通过补充医疗保险报销85%，个人自付15%。总体算账，农村贫困人口住院总费用实际报销比例达90%以上。"三救助"：即对农村建档立卡贫困人口个人缴费按城乡居民缴费标准由财政资金给予全额救助。对省定24种重特大疾病晚期患者由民政部门给予一次性每人5000元的大病关怀救助，对有需求的持证贫困残疾人免费适配辅助器具。对少数农村特困人口由民政部门特殊帮扶，即对重点救助目录内个人自付"136"封顶额和目录外15%费用部分仍无力负担的特殊困难人群。

后者则是普惠性政策，共投入29.5亿元，政策亮点主要体现在"两个75%"，即城乡居民基本医保政策范围内住院医疗费用报销比例平均达75%，城乡居民大病保险报销比例统一为75%。全省农村居民医保目录用药品种由原来的1500余种扩大到2800余种，定点医疗机构从原来的2000余所扩大到7000余所，城乡居民住院总费用报销比例将达到80%，比改革前提高15%，惠及全省2600万城乡居民。

两项医保改革的制度设计由注重基金安全变为政府主动承担社会责任，贫困患者看病就医的经济风险由个人承担变为由制度承担，报销比例提高、帮扶力度加大、个人支付减少。两项改革新政均自2017年7月1日起实施。

二、存在的困难、问题及工作建议

（一）贫困患者医保目录外费用的管控还需加强

针对医保目录外费用加重贫困患者就医负担的问题，山西省鼓励医疗机构充分使用医保目录内规定的医疗服务，规范诊疗行为，引导患者就近就医，支持分级诊疗。同时，要求各级医保定点医疗机构严格控制医保目录外费用，在县域内医疗机构目录外费用占比不得超过 15%，市级医疗机构不得超过 20%，省级医疗机构不得超过 30%，凡超过控制比例的费用均由医疗机构承担；医保目录外控制比例范围内的费用，由补充医疗保险按 85% 的比例给予报销，其余由个人承担，帮助参保人员最大限度享受医保待遇。

但在具体操作中，由于大病的复杂程度、个体病情千差万别、贫困群众差别化的就医需求等，导致了单病种费用控制、医保目录外费用管控等政策的执行难。以白内障复明手术为例，不同人工晶体费用差别很大，从上百元到几千元不等，单纯为了控制费用，则可能影响手术效果。当然，也有医疗机构为控制医保目录外费用，而降低服务标准或让患者外出购药等。

建议国家层面结合控制医药费用不合理增长工作，针对大病专项救治费用控制出台专项政策，既要有刚性约束，也要针对贫困群众对美好生活的需求，预留操作空间，保证政策的可实施性。

（二）"一站式"结算、"先诊疗后付费"等便民措施需要进一步拓展

就山西省而言，两项工作在县域内已全面推开，并基本落实到位；但在三级医院实施，还有一定难度。特别是农村贫困人口大病专项救治定点医院涵盖较多的三级医院，导致贫困群众不能及时享受到政策优惠。此外，国家卫生计生委办公厅印发《农村贫困住院患者县域内先诊疗后付费工作方案》后，山西省的实施方案由省卫生计生委会同人社、民政等部门联合印发。但

即便如此，在县域内也存在医院垫资压力大、个别患者恶意欠费等问题。

　　建议国家卫生健康委会同国家医保局等部门，出台专项政策，依托农村贫困人口大病专项救治工作，将"先诊疗后付费"工作逐步向城市三级医院拓展。并明确要求建立农村贫困人口大病专项救治——医保基金预拨付制度；同时，各地医保经办管理机构要根据各定点医疗机构的具体情况，适当缩短资金拨付周期，及时与定点医疗机构结算，拨付医疗费用。

　　下一步，山西省将从"提能力、建机制、惠民生"入手，全面、深入推进农村贫困人口大病专项救治工作，力争做到"应治尽治"，让所有建档立卡贫困人口充分享受到政策红利。

（执笔：山西省卫生计生委）

实施疾病预防控制"八大行动"：陕西实践

2017 年年底，陕西省有建档立卡贫困户 65.88 万户、183.27 万人，其中因病致贫 15.26 万户，占比 23.16%。健康扶贫任务依然艰巨。

陕西省委、省政府把深入推进健康扶贫作为脱贫攻坚的关键战役，立足实际，深刻把握因病致贫、因病返贫的一般规律，确立了"一手抓精准施治斩病根减存量，一手抓疾病预防断病源控增量"的健康扶贫工作思路，在全省启动了实施健康知识普及、健康促进、基本公共卫生服务补短板、传染病专病专防、慢病地方病综合防治、妇幼保健、农村环境卫生整洁和全民健身普及的疾病预防控制"八大行动"。各地积极行动，扎实推进，取得了显著成效，有效地提高了健康素养，控制了因病致贫人数的增加。

一、主要做法

（一）广泛宣传，开展健康知识普及和健康促进行动

深化宣传教育，大力普及健康知识与技能，将健康教育和健康促进融入百姓生活。一是主题宣传。以"提高脱贫质量，打好健康扶贫攻坚战"为主题，组织媒体"采风宣传"活动，宣传健康扶贫和疾病预防控制"八大行动"的内涵、工作进展及先进典型，形成了良好宣传攻势。以"扶贫日""结核病防治日""儿童预防接种宣传日""艾滋病防治日""健康中国行"等主题活动为依托，开展形式多样、内容丰富、群众喜闻乐见的宣传活动，提高

政策和知识的宣传实效。

二是栏目宣传。充分利用电视、广播、报纸、杂志等途径，广泛开展现场健康宣教活动，借助发放资料、播放音视频、举办讲座等形式覆盖了1013.09万人次。组织编写了《公务员健康读本》《居民保健手册》《百姓健康专家谈》《中小学生健康膳食指引》等健康知识科普读本，使健康知识入脑入心。

三是立体宣传。建立全省微信群、QQ群、健康扶贫微信公众号等新媒体，增强宣传的广泛性和可及性。利用现有的公共服务设施，打造健康广场、健康公园、健康长廊、健康步道、健康书屋等，充分发挥公共设施的宣传载体作用。

四是入户宣传。组织基层扶贫"四支队伍"、乡村医生、公共卫生计生专干等进村入户宣讲，组织健康教育专家团深入基层巡回宣讲，形成全面引导、全系统发力、全员覆盖的强大宣传声势。把维护健康的"金钥匙"交到群众手中，让群众成为自己健康管理的主人。

（二）防治结合，开展传染病和地方病综合防控行动

将结核病、乙肝、出血热、狂犬病、艾滋病、手足口病、布鲁氏菌病、麻疹、流行性腮腺炎、梅毒10种重点传染病纳入专病专防，加强监测预警，推动关口前移、加强联防联控、全程监测管理；加强督导、通报和约谈，强势推动防控措施落到实处，2017年和2018年上半年全省乙类传染病总体报告发病率均低于全国平均水平。

实施地方病综合防治专项行动。召开动员部署会，加强14个省级部门的联防联控。动员全系统深入病区对大骨节病、氟中毒、克山病、碘缺乏病、砷中毒等地方病开展"地毯式"摸底调查，共核查确认地方病患者231322例。按照"统一管理、分级负责、知情同意、合理施治"原则，指定省、市、县（区）三级地方病患者专项救治定点医院76家，优先对贫困患者进行救治。非贫困人口的大骨节病患者也享受健康扶贫医保政策。目前已药物治疗1275例，手术治疗12例。分病种成立4个省级专家组，加强有

效的综合防治措施研究，指导各地开展救治工作。同时，要求各地把中、重度大骨节病、骨症及慢型克山病纳入家庭医生签约服务管理，每季度随访一次，落实药物治疗及健康指导等措施。

省级有关部门各负其责，采取"围猎"措施，联防联控，靶向消除地方病危害。一是加快病区改水步伐。水利部门将病区改水任务纳入农村饮水安全巩固提升工程，加强降氟降砷改水工程建设与改造，到2020年全省基本消除高氟饮用水。二是推广清洁能源。发改、农业等部门加快调整燃煤型氟砷中毒病区的能源结构，积极推广光伏发电和沼气池、太阳灶、节柴灶、燃气灶、电磁灶等新型清洁能源，到2020年，病区基本普及新型清洁能源，从源头上阻断了高氟高砷健康危害。三是强化少年儿童大骨节病防控工作。教育、食药监、粮食等部门，对病区义务教育阶段学龄儿童，按照当地教学条件和儿童家庭意愿，尽量安排到寄宿制学校学习，供应非病区粮食和安全饮用水，使病区儿童脱离致病环境。四是坚持科学补碘。市场监管、盐务部门，坚持"因地制宜、分类指导、科学补碘"原则，强化以食盐加碘为主防治碘缺乏病的综合防控措施。

（三）服务到人，深化公共卫生补短板和妇幼保健行动

精准落实"五个一"服务，做实、做细基本公共卫生服务项目，推动疾病预防关口前移。一是签约一个责任医师团队。将基层计生专干、公共卫生专干、县级医生充实到签约责任医师团队，完善制度规范，落实服务经费，实行信息化管理，提供个性化服务，从严从实考核，努力提高签约服务质量。全省组建签约责任医师团队10492个，签约服务贫困人口313.2万人，65岁以上老年人194.8万人，管理高血压患者78.6万人、糖尿病患者42.4万人、结核病患者5518人、重度精神障碍患者9.8万人。安康市创新服务管理模式，分颜色制作26种慢病签约服务协议，为贫困人口提供个性化服务。二是建立了一份健康档案。记录贫困人口健康状况、生活习惯、既往病史、诊治情况等，提供个性化的健康指导。三是为农村贫困人口每年开展一次健康体检，对发现的疾病及时干预和治疗。四是安排一名结对医生。

渭南市开展"万名医生包联救助因病致贫户"行动，选调1万余名医生，采取1名医生包联1户以上因病致贫家庭和一个医疗团队包联1个以上贫困村相结合的办法，每月至少上门一次为群众提供诊疗、免费体检、康复指导、健康教育、科学就诊引导等个性化服务。五是安排一名代办人员。由村级四支队伍或卫生计生人员为有困难的贫困人口进行就医引导，代办医疗费用报销等。

围绕人的生命周期，整合资源，实行打包式服务，链条式管理。一是将孕产妇系统保健免费基本服务项目覆盖到所有贫困县。孕前实施免费优生健康检查项目和补服叶酸预防神经管缺陷项目；孕期实施孕产妇健康管理项目、产前艾滋病梅毒检查项目、产前筛查项目和产前超声检查项目；住院分娩纳入基本医疗保险；产后实施孕产妇健康管理项目和新生儿疾病筛查项目。使孕产妇和0—6岁儿童健康管理率达到95%以上。二是将新生儿听力筛查和遗传代谢病筛查项目覆盖全部贫困地区。2017年新生儿听力筛查率达到86.8%，PKU（苯丙酮尿症）和CH（先天性甲状腺功能低下）筛查率达到92.5%。三是继续实施贫困地区儿童营养改善项目，重点为贫困家庭中的6—24个月龄婴幼儿补充辅食营养补品。四是加强贫困地区危重孕产妇和新生儿救治中心建设，整合实施"母亲健康工程"和"两癌"免费筛查项目，提高妇女儿童健康水平。五是出台《关于进一步做好儿童苯丙酮尿症医疗保障工作的通知》，将陕西省18周岁以下苯丙酮尿症患儿的治疗性食品、专用药品以及门诊检查费用纳入城乡居民基本医疗报销范围。

（四）构建载体，突出全民性，深化爱国卫生运动和全民健身行动

大力开展爱国卫生运动，以美丽乡村建设为主线，以治脏、治乱、治差为重点，扎实推进农村环境卫生整洁行动。推进贫困地区农村生活垃圾处理、农村污水治理、农村道路畅通等工程，使农村生活垃圾收集、转运和处理率达到90%。已经完成水质监测点检测13610个，其中达标11609个，达标率85.3%。全省累计共创建11个国家卫生城市，55个国家卫生县城，11个国家卫生镇。全省累计建设卫生厕所332.9万座。在贫困地区优先建设

了一批便民利民的公共体育场、全民健身活动中心、健康步道、健康主题公园、健康广场等场地设施，推动各类公共体育设施免费或低收费开放。拓展国民体质监测与科学健身指导工作，推进实施农民体育健身工程，在乡镇、行政村实现了公共体育健身设施100%全覆盖。

（五）服务大局，积极推进健康陕西建设

积极构建大卫生、大健康格局，将疾病预防控制"八大行动"融入健康陕西建设工作，印发了《"健康陕西2030"规划纲要》，明确健康陕西建设的目标任务和思路措施。成立了健康陕西建设工作委员会。陕西省政府办公厅印发了省级部门健康陕西建设任务分工，明确了部门职责。陕西省卫生计生委以健康机关、健康军营、健康学校、健康医院、健康企业、健康社区、健康村庄、健康家庭八类健康细胞建设为载体，制定了《2018—2020年健康细胞示范建设指导意见》和八类健康细胞建设的实施方案，各项工作正在有序推进。

二、经验体会

（一）健全机制，齐抓共管是关键

疾病预防控制"八大行动"是一项系统工程，涉及多部门和卫生计生工作的方方面面，仅靠卫生计生部门孤军奋战、单打独斗将难以完成。必须建立党委政府主导、卫计委牵头、各部门配合、社会支持、群众参与的工作机制，形成合力，扎实推进，才能取得实效。陕西省委、省政府和省脱贫攻坚指挥部将疾病预防控制"八大行动"纳入脱贫攻坚的工作部署和督察考核内容。各级都成立了由党委政府分管领导担任组长的领导小组，办公室设在卫计部门，明确了相关部门职责、任务分工和考核机制，齐抓共管，统筹推进，确保了疾病预防控制"八大行动"顺利开展。

（二）夯实项目，做实做细是重点

疾病预防控制"八大行动"涉及面广，必须制定工作方案，筛选具体项目，以项目实施为重点，推进"八大行动"落实落地，提高工作质量。陕西省卫生计生委和省体育局牵头，联合 17 个省级部门共梳理出 26 个项目，以此带动和支撑"八大行动"深入开展。在百姓健康系列栏目、孕产妇系统保健免费服务项目、基本公共卫生服务项目、改水改厕、美丽乡村建设器材配备等项目的制定实施中，结合实际，均有经费投入、工作规范和实施方案。其中《百姓健康》系列宣传栏目投入 3000 余万元。省级财政拨付 2750 万元，用于 29 个贫困地区县级危重孕产妇和新生儿救治中心建设。已创建国家级慢病防控示范县 13 个，省级示范县 24 个，有效提高了疾病预防效果和群众获得感。

（三）立足全局，做好统筹是基础

疾病预防控制"八大行动"与精准施治如同鸟之两翼、车之双轮，共同推进我省健康扶贫目标的如期实现。实施"八大行动"既是健康扶贫的重要内容，也是健康中国的重要组成部分。我们应树立全局观念，把实施"八大行动"与打赢脱贫攻坚战、实施乡村振兴战略和健康陕西建设有效衔接、有机结合、资源共享、统筹推进、务求实效。

三、存在问题

一是工作合力还未完全形成。有的地方党委政府重视不够，还没有真正把实施"八大行动"上升到党委政府层面来推动。有的部门还没有将此项工作与部门工作同安排、同部署、同考核，工作成效不明显。

二是经费投入不足。贫困地区实施"八大行动"困难多，目前主要依托公共卫生服务项目和中省建设项目，以及改水、体育等项目经费来实施，缺乏专项经费投入。

三是群众健康素养亟待提高。改善和提高群众健康素养过程漫长，控制因病致贫、因病返贫增量难度大。特别是一些贫困县地方病、传染病、职业病危害大，防治压力大，是健康扶贫中难啃的硬骨头。

四、下一步工作打算

一是开展大宣传。办好《百姓健康》系列宣传栏目，开展健康教育公益广告和健康知识科普宣传。省、市、县组织健康教育专家巡讲团到基层巡讲，开展现场咨询、健康讲座等系列宣传活动，持续提升群众健康素养水平。

二是实施大推进。以项目实施为抓手，推进基本公共卫生服务项目和儿童营养改善、新生儿疾病筛查、妇女"两癌"筛查等重大公共卫生项目落地、落实、落细。做好重点人群的健康服务，大力推进出生缺陷综合防治，提高出生人口素质。抓好重点传染病专病专防和慢性病、地方病综合防控工作。深入推进以"三减三健"为主题的第二阶段全民健康生活方式行动。大力推进农村"厕所革命"，到2018年年底农村无害化卫生厕所普及率达到国家标准。

三是深化大创建。以乡村振兴战略和健康陕西建设为目标，强力推动农村环境卫生整治和健康社区、健康学校、健康企业、健康医院、健康机关、健康村镇和健康家庭等健康细胞建设活动。全省30万人口以上的县（区）至少有2个镇、30万人口以下的县（区）至少有1个镇启动创建国家卫生镇工作。

四是强化大落实。完善实施疾病预防控制"八大行动"工作协调运行机制。加强考核巡查和工作指导，总结提升基层的好做法、好经验，推广一批可复制的先进典型。

（执笔：陕西省卫生计生委）

基层医疗卫生服务能力建设：贵州实践

贵州省在全力做好贫困人口医疗保障，减轻就医负担的基础上，针对基层医疗卫生服务能力薄弱短板，以超常规之举加快提升基层医疗卫生服务能力，着力解决贫困群众就近就医问题，为打赢健康扶贫硬仗、决战决胜脱贫攻坚夯实基层基础。

一、贵州省委、省政府高度重视，整体推进基层服务能力建设

贵州省山高坡陡、沟壑纵横，农村人口比重大、居住分散，县乡之间、乡村之间距离较远，基层服务能力薄弱一直是贵州省卫生健康事业的短板。加快推动优质医疗资源下沉，提升基层医疗卫生服务能力，对于推动全省卫生健康事业改革发展、打赢健康扶贫攻坚战具有特殊重要意义。贵州省委、省政府高度重视，加强统筹调度与部署，先后召开全省医疗卫生事业发展大会和全省卫生与健康大会，相继出台《关于大力推动医疗卫生事业改革发展的意见》《关于加快推进卫生与健康事业改革发展的意见》，为推动工作提供了强大保障。

针对基层卫生服务能力建设问题，2016年以来，贵州省委、省政府系统谋划，明确以远程医疗、人才培养、基础设施、对口帮扶等为重点，启动实施基层服务能力建设"五五三"工程。一是启动实施"五个全覆盖"，即：2016年实现全省乡镇卫生院标准化建设全覆盖、农村中小学校校医配备全覆盖、基层医疗卫生机构执业医师配置全覆盖、县级以上公立医院远程医疗服务体系全覆盖、城乡居民大病保险全覆盖。二是启动实施"五个全面建成"，即：2017年

实现全省乡镇卫生院远程医疗网络体系全面建成、全省乡镇卫生院规范化数字预防接种门诊全面建成、全省县级以上公立医院统一预约挂号平台全面建成、全省医药监管平台全面建成和省、市、县人口健康信息基础平台全面建成。三是启动实施"三年提升计划"，即：2016—2018 年，全省各级投入 80 亿元，用3 年的时间全面加强县、乡、村基层医疗卫生机构疾病诊断能力、疾病治疗能力、疾病康复护理能力、公共卫生服务能力和管理能力建设。

在国家卫生健康委的关心指导下，在各兄弟省市的大力帮助下，通过近3 年的努力，贵州基层服务能力得到较大提升，2017 年与 2015 年相比：一是卫生人员总数大幅增加。全省卫生人员总数为 30.19 万人，比原来增加了4.3 万人，增长 16.61%。二是床位数大幅增加。每千常住人口实有床位 6.51张，增加了 0.94 张，增长 16.88%。三是医务人员数大幅增加。每千常住人口有执业（助理）医师 2.11 人，增加了 0.31 人，增长 17.22%；每千常住人口有注册护士 2.74 人，增加了 0.59 人，增长 27.44%；每万常住人口有全科医生 1.45 人，增加了 0.57 人，增长 64.77%。四是医疗机构水平整体提升。全省 88 家县级人民医院已全部达到二级甲等综合医院建设标准；47 家县级中医院达到二级甲等中医院建设标准，占全省 58 家县级中医院的 81%；所有 547 家中心乡镇卫生院均达到甲等乡镇卫生院标准。五是基层医疗机构诊疗数量由跌转涨。全省基层医疗卫生机构总诊疗人次数 8385.72 万人次、入院人数 133.89 万人，分别增长 465.73 人次、8.04 万人。

二、全面建成省、市、县、乡四级远程医疗服务体系，搭建优质资源便捷下沉通道

充分发挥贵州大数据战略优势，着力构建内连省、市、县、乡四级公立医疗机构，上接国家优质医疗资源的远程医疗服务网络。建成全国第一个由政府主导的远程医疗系统、省级层面第一张全覆盖的远程医疗大网、以省为单位第一个投入实战的远程医疗系统。一是强化资金保障。2015 年，投入

40 余亿元保障"五个全面建成"为重点的信息化建设和应用；2016 年，筹集专项资金 0.76 亿元，建成覆盖全省 199 家县级以上公立医院的远程医疗服务体系，实现了远程医疗"县县通"。2017 年，投入 7.98 亿元建成县乡一体化远程医疗服务体系，实现了远程医疗"乡乡通"。二是完善配套政策。相继出台《贵州省远程医疗服务管理办法》《贵州省调整完善公立医疗机构远程医疗服务项目价格方案》《关于将远程医疗服务项目列入新农合诊疗项目目录的通知》和《关于将远程医疗服务项目纳入基本医疗保险基金支付有关问题的通知》等一系列文件，建立组织管理、业务流程、质量控制、收费结算、绩效激励和评估考核等机制，明确服务项目价格标准并纳入基本医保报销范围，确保远程医疗服务的公益性和可持续运行。三是建立全天候全覆盖运行机制。省、市两级公立医院均建立远程医疗管理机构及远程医疗中心，成立了 5241 人的远程医疗专业技术队伍，落实三甲医院对县级医院对口帮扶、医联体、分片包干责任；县级公立医院均建立区域远程医疗中心，为乡镇卫生院提供远程会诊、影像诊断、心电诊断和检验质控等县乡一体的同质化服务。截至 2018 年上半年，全省累计开展远程会诊及诊断 24.2 万例，远程培训 31 万人次。推动基层首诊实现了重大转变，2017 年与 2016 年相比，县级公立医院诊疗人次从 2801 万增加到 3264 万，增幅 17%；乡镇卫生院诊疗人次从 2999 万增加到 3450 万，增幅 15%。

三、建立完善基层人才培养机制，
全面提升基层医务人员能力

着眼基层医疗卫生服务能力长远建设，以基层人才培养激励机制建设为重点，2016 年贵州省政府办公厅印发了《贵州省基层医疗卫生服务能力三年提升计划（2016—2018）》，持续推进基层服务能力提升。一是建立完善人才培养机制。大力实施学历提升、岗位轮训、骨干培训、全医培养、人才引进、千人支医六大计划，目前，累计组织 17089 名基层医疗卫生技术人员参加学历提升教育，其中，中专升大专的有 3389 人、大专升本科的有 10071 人、乡村医生中专学历教育的有 3629 人；开展乡镇卫生院院长、业务骨干和村医岗位培训分别达 3216 人次、3394 人次和 53504 人次；从县级医院分别选派病理、儿科、重症医学、急诊急救、检验和影像等 800 名技术骨干到三级综合医院培训 3—6 个月，遴选 900 名优秀村医到省医院进修学习 1 个月，组织 5007 名基层医务人员参加执业（助理）医师考前培训；招收 1800 名全科订单定向免费医学生毕业后到乡镇卫生院服务 6 年，招收全科专业住院医师规范化培训学员 802 名、"3+2"助理全科医师 549 名，转岗培训全科医生 1244 名；组织 2712 名二级以上医疗卫生机构技术人员到乡镇卫生院驻点服务 1 年。二是建立完善基层人才激励机制。积极引导医疗卫生人才流向基层，明确高级专业技术人员，到县级医疗卫生机构工作，每月补贴 1000 元；到乡镇卫生院工作，每月补贴 1500 元。医学类硕士研究生，到县级医疗卫生机构工作，每月补贴 800 元；到乡镇卫生院工作，每月补贴 1500 元。医学类本科毕业生并取得相应执业资格的，到乡镇卫生院工作，每月补贴 1000 元。省、市级医疗卫生机构技术人员晋升中级职称必须到县级及以下医疗卫生机构连续服务 1 年，晋升高级职称必须连续服务 2 年以上；县级医疗卫生机构新进医务人员、卫生技术人员晋升中级职称，必须服务 1 年以上；长期在乡镇卫生院工作的人员，适当放宽专业技术职务晋升条件。简化基层医疗卫生人才招录程序，明确到乡镇卫生院工作的，二本及以上高等医学院校毕业生可直接录用。对紧缺人才、高层次人才、全科医生等，可以简化考试程序或考核录用。三是省级制定了《贵州省乡村两级医疗卫生引才奖励实施办法（试行）》，每年落实资金 500 万元，对引进人才效果较好的地区给予奖励。

四、着力加强体系内涵建设，
全面优化基层医疗卫生机构就医环境

着力推进县、乡、村三级医疗卫生服务机构基础设施、设备配备、专科

建设等，基层就医环境全面改善。一是大力实施"百院大战"。按照填平补齐的原则，全省遴选 140 个重点项目实施"百院大战"建设，总建设规模 958 万平方米，规划总投资近 500 亿元。目前已完成项目 23 个，在建项目 79 个；并争取中央资金 2 亿 6040 万元，支持县级疾控中心建设项目 47 个。二是实现乡镇卫生院标准建设全覆盖，2016 年争取中央资金 1 亿 8970 万元、省级资金 8280 万元，采取新建、改扩建、部分功能完善等方式，全面完成了乡镇卫生院标准化建设。三是全力推进农村中小学校医务室建设，2016 年为全省农村中小学共配置校医 12708 人；2018 年，各级投入资金 6295.55 万元，为全省所有农村中小学校医务室标准化配备 29 种医疗设备。四是着力加强贫困地区村卫生室规范化建设，2018 年投入资金 1.08 亿元，实现 2732 个深度贫困村卫生室和 488 个易地扶贫搬迁安置区卫生室规范化建设全覆盖。五是切实强化乡镇卫生院特色专科建设，2016 年以来，省级财政累计投入 5780 万元用于建设 1145 个乡镇卫生院特色专科，投入约 2.6 亿元用于建设 1300 个基层中医馆。

五、积极推进援黔医疗对口帮扶，借力外省优质资源加快基层发展

在国家卫生健康委和各兄弟省市的全力支持下，贵州省着力打造东西部医疗卫生对口帮扶全国典范。一是对口帮扶关系全面建立。北京大学人民医院、中日友好医院、北京大学第一医院、北京大学第三医院、北京大学第六医院 5 家国家卫生健康委委属委管医院，分别对口帮扶贵州省人民医院、贵州医科大学附属医院、遵义医学院附属医院、贵州省第二人民医院、贵州省第三人民医院。上海、大连、苏州、杭州、宁波、青岛、广州等东部六省七市有关医院、浙江省对口医院、军队有关医院对口帮扶贵州省 15 个市级、66 个贫困县县级人民医院。国家中医药管理局直属医院和山东、江苏、浙江、广东、福建、辽宁等省共 64 家三级甲等中医医院，分别对口帮扶贵

州省全部 64 家中医医院。东部六省七市疾控中心、中心血站、急救中心对口帮扶贵州省 9 个市州公共卫生机构，实现市州级公共卫生机构全覆盖。通过大力推进综合医院"2+5"专科建设（重症医学、急诊急救学科，受援医院近三年病人外转率排名靠前的 5 个以上临床专科）和中医医院"2+3+N"专科建设（治未病科、中医康复科，3 个重点特色专科，急诊急救等其他科室），全省 88 个县新建了重点学科 806 个（其中，县医院 493 个、中医院 313 个），66 个贫困县医院均建成了重症医学科和急诊急救科，拓展建设了诊疗和医技科目 54 个。二是"黔医人才计划"深入开展。依托国家卫生健康委委属委管医院和其他国内一流医疗机构，通过集中培训、跟班培训和挂职培训等多种方式，加强高层次人才培养。目前，已举办了两期培训班，88 人学成归来，20 人得到提拔重用或到重要岗位交流的机会，88 人正在接受培训。第一期学员培训期间，共完成门诊 78674 人次，手术 9816 台，观摩手术 14244 台，管床 6127 人次，掌握新技术 273 项，极大提升了贵州省医疗新技术和管理新理念的引进、运用和推广。三是"医疗卫生援黔专家团"扎实推进。"医疗卫生援黔专家团"共聘请了钟南山、王辰等 47 名院士、北京大学第三医院黄永辉教授等 765 名专家加入，已有 37 名院士（专家）在贵州省建立了 40 个院士工作站（室），296 名院士（专家）与贵州省医疗机构签订了合作协议。院士专家赴黔指导 450 人次，培养博士、硕士、骨干医生 530 人，培训卫生技术人员 28208 人次。每年举办一期援黔专家团走进市州活动，通过深入市县举办学术论坛、主题讲座、学术交流会，开展手术示教、学术讲座、教学查房、疑难病例讨论，以及"进医院送技术""进社区送健康""进学校送人文"等"三进三送走基层"活动。

六、全面落实"十个坚持"，全力打好健康扶贫攻坚战

近年来，在党中央的关怀下，贵州不断加快推进卫生健康事业发展和基层医疗卫生服务能力的提升，已取得了阶段性成效，但与全国平均水平相

比，与广大群众的健康需求相比，还存在较大差距。下一步，贵州将全面贯彻新时期卫生与健康工作方针，以基层为重点，以健康扶贫统揽卫生工作全局，牢记嘱托、感恩奋进，采取超常规举措全力打赢健康扶贫攻坚战。一是全面落实"十个坚持"。坚持以习近平健康中国建设思想为指引，全面贯彻新时期卫生与健康工作方针，加快推进健康贵州建设；坚持把人民健康放在优先发展的战略地位，推动大健康产业，促进人的全面发展，共建共享社会文明成果；坚持以人民为中心的发展思想，破除公立医院逐利机制，突出医疗卫生事业的公益性；坚持把健康扶贫作为主攻方向，保障全民健康，助力全面小康；坚持以基层为重点，大力推动优质医疗资源下沉，加快补齐卫生与健康事业短板；坚持用好深化改革的关键一招，突破体制机制障碍，维护社会公平正义；坚持传统中医文化与现代医学理念相融相通，中西医并重，落实以预防为主的健康策略，走好医学发展的科学之路；坚持统筹协调，把健康融入所有政策，增强医改的系统性、整体性、协同性；坚持生育政策与其他经济社会政策配套衔接，加强人口发展战略研究，促进人口长期均衡发展；坚持人才是第一资源，关心爱护医务人员，营造尊医重卫良好氛围。二是以"健康扶贫感恩行动"统揽卫生健康事业大局，大力实施乡村能力提升工程、"三甲"创建提升工程、妇幼服务提升工程、中医振兴提升工程、疾控应急提升工程、远程医疗提升工程、健康养老提升工程、党建引领提升工程为主要内容的"八大提升工程"；深入开展以四重医保计划、大病慢病计划、人才振兴计划、医德锤炼计划、东西协作计划、健康创新计划为主要内容的"六项保障计划"；奋力实现制度体系更加完善、疾病防控更加有力、诊疗水平更加提高、服务模式更加科学、人口结构更加平衡、健康素养更加提升的"六大高质量发展目标"。

（执笔：贵州省卫生计生委）

加强健康扶贫基层基础建设：汉中实践

汉中是川陕革命老区和国家秦巴山连片特困地区之一，有国家扶贫开发重点贫困县（区）8个，革命老区县（区）10个，深度贫困县2个。2017年精准摸底后，全市有建档立卡贫困村967个，建档立卡贫困人口14.14万户、39.32万人，贫困发生率13.5%。其中，因病致贫、因病返贫高达2.89万户、3.02万人，分别占建档立卡贫困户及贫困人口的20.4%和7.7%，成为全市脱贫攻坚战、决胜全面建成小康路上的一只"拦路虎"。

健康扶贫工作开展以来，汉中市紧紧围绕让贫困人口"看得起病、看得好病、看得上病、少生病"的目标，坚持"问题导向、精准施策；党政推动、团队支撑；硬件筑基、软件提效"的工作路径，紧扣"四步筛查、三类分治；四重保障、一单结算；医联共体、健联管理"六个重点，探索形成了健康扶贫"汉中模式"，有力有效有序地推进健康扶贫工作。

一、主要做法

汉中市基于卫技人员专业能力和业务水平相对较低、基础设施不足、服务能力不强的基层现状，对症下药，采取更集中的支持、更有效的举措、更有力的工作，加快补齐健康扶贫这块短板，让基层真正"强"起来。

（一）加快医疗卫生服务体系建设

汉中市紧紧围绕基本医疗有保障的目标，扩大总量、提高质量、提升效能，全面加强基层医疗卫生服务体系建设，全力保障政府对基本医疗卫生服务的有效供给。

一是"大手"拉"小手"推进医联体建设。市内3所三级医院分别牵头组建了医疗联合体，覆盖118所县、镇医疗机构。留坝县医院和佛坪县医院分别于2018年3月、6月分别与汉中市两所三级医院建立了紧密型托管关系，由两所医院下派管理和技术团队，实施整建制帮扶，同时托底镇、村医疗服务能力。目前，两所县级医院的儿科门诊、外科、妇产科的服务能力得到提升；佛坪县医院妇产科、留坝县医院ICU等空白科室得到恢复重建，帮扶效果初步显现。

二是一体化推进县域医共体建设。县级医院牵头，面向县、镇医疗机构组建医疗联合体，强力推进"县托镇、镇托村"人财物统一管理、相对独立、法人实体的医共体建设。2017年，全市共建成27个医疗共同体，覆盖100所镇卫生院和辖区村卫生室，乡镇卫生院累计新增业务科42个，住院人次较上年同期增长35.85%。同时，在宁强县打造了升级版医共体，实行按人头总额付费，结余留用、超支合理分担。目前，已经推动县级医院工作重心由治病向防病转移。

三是高标准推进村卫生室建设。在国家规定村卫生室建设"60平方米、四室分设、有资质村医"标准基础上，提出建设拥有集体产权的村卫生室，打造村卫生室建设"升级版"，织牢基层卫生服务"网底"。计划2018年8月底前完成全部标准化卫生室建设任务。

（二）加快提高医疗卫生服务能力

汉中市通过建机制体制、强帮扶提升、抓队伍建设等办法，不断提升基层卫生服务能力，补齐医疗卫生服务资源短缺、能力不足的短板。

一是强基固本，加强人才建设。通过创新人才引进、培养、使用等方式，切实加强医疗卫生人才队伍建设。通过"基层人才振兴计划""中西部订单定向免费医学生培养""紧缺类专业人才引进""事业单位公开招聘"等途径，加大卫生人才引进力度。2013年以来，为县级医疗机构招聘本科生

881人，为乡镇卫生院招录本科生536人、大专生645人。通过实施"万名医师"培训、全科医生转岗培训、住院医师规范化培训、基层适宜技术培训等方式，强化卫生专业技术人员培训。近年来累计为县、镇、村培训专业技术人员近3万人次。深化乡镇卫生院人事分配制度改革，加大奖励性绩效工资考核分配比例，提升基层人员待遇，稳定卫生人才队伍。制定出台了《全面推进乡村医生队伍建设实施方案》，不断加强村医队伍建设。目前，每千人口有执业（助理）医师2.03人，每千人口有注册护士2.69人，基层卫生人才匮乏的现状有所缓解。

二是用好"外力"，不断"输血"强体。扎实推进医疗对口帮扶工作。截至目前，10家三级医院对口帮扶11家县区级医院，支援医院派驻医生77名，诊疗患者6476人次。帮助受援医院培训医务人员1856人次，新建临床专科4个，开展适宜技术9项，开展新项目运用4个。利用苏陕帮扶协作机会，引进新技术、新项目，提升技术水平。2018年上半年，江苏省19所支援医院累计派出专业技术人员23人次，为受援医院培训医务人员782人次，受援医院派往支援医院进修学习人员29人次，开展手术171台次，会诊140人次，接诊患者1752人次，新建临床专科1个，开展新适宜技术3个，开展新项目2个。

三是激活"内力"，增强"造血"功能。从薪酬待遇、发展空间、执业环境、社会地位等方面入手，建立健全鼓励激励机制，增强医务人员职业荣誉感，激励他们以更加昂扬向上的精神风貌投身医疗卫生事业中。按照"两个允许"政策，细化基层医疗卫生机构内部考核办法，突出效率、兼顾公平，收入分配重点向关键岗位、业务骨干和作出突出贡献的工作人员倾斜，建立"多劳多得、优绩优酬"的绩效分配机制。在农村地区长期从医、贡献突出的医务人员，按有关规定给予奖励，激活原动力，真正用足用好现有医疗卫生人才。

四是正视问题，加强作风建设。为进一步加强医德医风建设，提升医疗服务能力，在全市深入开展健康扶贫领域作风问题专项治理，推动健康扶贫各项政策措施落实落地，解决服务群众"最后一公里"的问题，以作风全面过硬不断提升健康扶贫的质量和水平，以群众的满意度来检验工作效果和服务能力。

（三）加快推进医疗卫生信息化建设

利用信息技术促进医疗资源纵向流动，提升优质医疗资源可及性和医疗服务整体效果。

一是深入推进"互联网＋健康扶贫"项目建设。紧紧抓住国家卫生健康委、工信部在汉中市开展"互联网＋健康扶贫"试点契机，推进"互联网＋医疗健康"跨越式发展。为加强项目的组织实施，成立了以市委书记任组长的项目工作领导小组，并下设网络基础设施建设、远程及在线医学教育建设、在线慢病管理建设、督导宣传推进四个工作组，高规格、高标准、高效率地推进项目建设。项目建成后，实现"一网一轴四纵"的工作机制和模式，将远程医疗覆盖到村、慢病管理精准到户、在线教育普及到人、移动智能诊疗到病，促进优质医疗资源惠及更多群众。

二是以信息化为支撑构建签约服务新模式。有机整合基本医疗和基本公共卫生服务信息，结合"互联网＋医疗健康"项目的实施，建立家庭医生与签约群众的服务互动平台、家庭医生与上级医院的支持互动平台和家庭医生服务管理平台，扎实推进签约服务工作。目前，镇巴、南郑、略阳、留坝等县相继开发了家庭医生签约服务管理信息系统，有效推进了家庭医生签约服务工作。同时，以家庭医生签约服务为基础，推进居民健康电子档案、电子病历的广泛应用，全面提升医疗机构信息化水平，促进优质医疗资源向基层延伸。

三是切实加强基层信息平台建设。加快汉中市全民健康信息平台建设，完成市平台与省平台、各县区信息平台和 9 个市直单位对接和数据共享，实现市、县（区）、镇（办）、村四级医疗机构诊疗、公卫、妇幼保健、计划免疫等信息的资源共享、信息互通。为进一步方便群众就医报销，市政府将市级新农合系统建设纳入市卫生计生信息平台，实现省、市、县三级新农合信息系统纵向业务贯通、横向数据交接，全市 55 所新农合定点医疗机构实现跨市、跨县区报销结算，15 所医疗机构实现跨省异地结算。同时，全市公立医院实现贫困人口住院报销"一站式服务、一单式结算"目标。

四是推进健康扶贫信息化管理。市卫计局联合市中心医院，依托汉中市全民健康信息平台，改造完善公共卫生管理信息系统，初步实现贫困人口健康信息精准管理，正逐步拓展到为全人群服务。镇巴县将全民健康信息平台与第三方短信平台绑定，贫困户的签约服务团队成员能在第一时间收到群众就医短信提示，方便评估群众健康状况、实施健康动态管理。

五是大力发展"智慧医疗"服务。以改善群众就医体验和构建协同型医疗卫生服务为导向，加快改造传统就医流程，加强远程诊疗系统建设和电子健康档案、电子病历基础库等顶层设计，利用云计算、大数据等信息化技术，建立和完善预约诊疗、智能支付、智能查询、药物配送、双向转诊、综合管理等应用，推动医疗卫生服务模式和管理模式转变，进一步缓解看病难、看病贵的问题。

（四）加快推进医疗保障体系建设

全面落实"一降两提三免"政策，加大政府救助资金的投入，实现医疗保障的兜底功能。在政府资助下全市贫困人口实现 100% 参合。探索建立以"基本医保＋大病保险＋民政救助＋政府专项救助＋其他方式"为主的 4+X 多重保障体系。按照 5 万人口以上的县不低于 500 万元、5 万人口以下的县不低于 200 万元标准设立政府专项救助资金，专门用于基本医保、大病保险和民政救助后负担过重患者的救助。在此基础上，各县区积极探索以大病商业补充保险、红十字会救助、社会公益捐助和爱心帮扶为补充的多重保障，建立起 5—8 重的健康保障体系。同时，全面推行单病种定额付费制度，遴选 135 个单病种实施按病种定额付费，将 28 个病种门诊手术治疗费用纳入医保报销。严格监督市、县、镇三级医院把非合规费用分别控制在 8%、5% 和 0 以内。目前，贫困家庭看病费用报销比例已达87.1%。

二、工作经验

（一）党政重视是根本

健康扶贫是一场持久战，更是一项系统工程，只有各级党委、政府领导特别是"一把手"高度重视、倾力实抓，各部门主动配合、齐抓共管，全社会共同参与、综合施治，才能全面打赢健康扶贫攻坚战。

（二）基层队伍是关键

基层卫生健康服务人员是群众健康的"守门人"，只有推动卫生计生深度融合，充分发挥计生队伍的群众工作和网底优势、卫生队伍的技术优势，打造一支永不走的健康扶贫工作队，才能切实打通政策，落实"最后一公里"。

（三）信息技术是支撑

现代信息技术是促进健康管理的重要手段，只有加快信息化建设步伐，强化卫生计生信息网络互联互通、群众健康信息动态管理，充分利用"大数据""云计算""物联网"等信息技术，推动"互联网＋医疗健康"落地生根，逐步拓展远程医疗、智慧医疗在基层覆盖面，才能真正解决看病就医难题，提升基层医疗服务水平。

三、存在问题

（一）脱贫任务艰巨

汉中盆地占6%，浅山丘陵占36%，中高山区占58%，整体来说山大沟深，交通不便，基础设施薄弱，贫困面大，贫困程度深。加之，卫生健康事业总体发展不充分，城乡之间、平川与山区之间发展不平衡，健康扶贫难度大、任务重。

（二）人才制约明显

基层人难招、人难留的问题较为突出，经费保障相对较低等问题客观存在，专业人才缺乏，骨干人才匮乏，基层医疗服务能力与群众日益增长的医疗服务需求存在差距。

（三）投入相对不足

由于汉中市仍属于经济欠发达地区，民生事业发展的需求与财力增长缓慢的矛盾长期存在，历史欠账大，设施设备缺乏，基层医疗卫生条件亟待改善。

四、下一步工作打算

（一）稳扎稳打，解决健康扶贫艰巨性问题

聚焦因病致贫返贫问题，汉中市将围绕"减存控增"的目标，综合施策，整体推进。一是紧扣"基本医疗有保障"目标任务，狠抓政策落实，健全保障体系，解决医疗健康公平性、可及性、均等性问题。二是深入实施贫困地区医疗卫生服务能力提升三年攻坚行动。力争用 3 年时间，实现贫困地区县、乡、村三级医疗卫生机构标准化建设全覆盖。三是深入完善"医共体 + 健联体"健康管理服务机制，建成立体式医疗服务、多层次医疗保障和全覆盖医疗监管体系，全方位、全周期保障人民健康。

（二）多措并举，解决健康扶贫系统性问题

汉中市将健康扶贫纳入卫计、医改和社会经济发展大局，统筹谋划、通力推进。一是积极协调财政、人社、民政、残联等部门，合力推进健康扶贫工作。二是加快《"健康汉中2030"规划纲要》和《健康汉中2018—2020年行动计划》编制工作，以健康汉中建设引领和推动健康扶贫工作。三是将健康扶贫与医疗卫生体制改革工作系统谋划、一体部署，巩固提升健康扶贫工作效果。四是以保基本、强基层、建机制为主线，构建与经济社会相适应、与群众需求相适应、与建设"健康汉中"目标相适应的健康扶贫工作体系。

（三）创新思路，解决健康扶贫长期性问题

汉中市创新工作思维和模式，探索建立长效机制，巩固提升健康扶贫成果。一是以"互联网＋健康扶贫"试点为契机，充分利用科技手段，促进优质医疗资源普惠更多群众。二是着力完善建立"筛查评估、多重保障、分类救治、医卫融通、能力提升、统筹推进"六大工作机制，探索建立防止因病致贫、因病返贫的长效工作机制。三是通过加强医联体医共体建设、压实三级医院对口帮扶责任等措施，全面提升基层服务能力。

（执笔：陕西省汉中市卫生计生局）

上海市第九人民医院对口帮扶云南省祥云县县医院有关做法

为认真贯彻落实国家医改方案中关于城乡医院对口支援工作的精神和沪滇三级医院对口帮扶云南省贫困县级医院工作要求，在各级党委、政府及国家、省、州、县卫生计生主管部门的关心支持下，从 2010 年 3 月开始，上海市第九人民医院（以下简称"上海九院"）与祥云县人民医院连续签订了三轮共 11 年的对口支援协议。截至 2018 年 7 月，上海九院共派出 17 批医疗队 92 名专家到云南，共支援了妇科、麻醉科等 44 个科室。通过对口支援不断深化精准扶贫工作，全面提升了祥云县人民医院的综合服务能力，县内就诊率达到 90% 以上，实现了大病不出县的医改目标。

一、基本情况

祥云县位于云南省中西部，大理州东部，距离州府 46 公里，全县总人口为 48.5 万，医院医疗服务辐射人口覆盖约 100 万人。祥云县人民医院始建于 1942 年，现已发展成为集医疗、急救、康复、科研、教学于一体的县级综合医院，2012 年作为云南省第一家县市级医院通过二级甲等医院评审。是国家卫生健康委直接挂钩联系的全国 50 家重点县级医院之一、全面提升综合能力 500 家县级医院之一、全国县级公立医院综合改革试点医院。是上海九院对口支援医院，省内多家三甲医院联盟协作医院；是大理大学第九附属医院，昆明医科大学实习医院，保山中医药高等专科学校等 5 所专科学校教学医院。2016 年通过云南省助理全科医师规范化培训基地验收，2017 年成为中国医师协会乡村医生分会乡村医生培训中心，2017 年 12 月通过云南省卫生计生委县级医院提质达标建设验收。医院占地 120 亩，业务用房 9.2 万平方米，现有职工 1191 人，开放床位 1000 张，开设诊疗科室 43 个，有省级临床重点专科 6 个。2017 年门（急）诊服务 60.9 万人次，住院 4.8 万人次，住院手术 13487 台次，平均住院时间 7.04 天，医药收入结构比为 70.3：29.7，县外转诊率为 3.06%。

二、主要做法与成效

（一）辐射带动提升医疗服务能力

1. 推动学科建设。一是完善临床专科设置。在上海九院帮扶下，突破县级医院学科发展"瓶颈"，推动学科建设，实现"专科对专科"的精准帮扶，先后成立了泌尿外科、心内科 CCU 病房、消化内镜中心、微创外科等 13 个科室，其中口腔颌面外科是云南省内唯一一家在县级医院独立建设的科室，方便了广大患者的住院需求。二是建设重点学科。帮扶呼吸内科、消化内科、骨科等 6 个优势专科成为省级重点学科，心内科、感染科、肾内科等 10 个临床专科成为县级重点学科。

2. 开展新技术新项目。在上海九院专家的帮扶指导下，医院拟订了新技术、新项目管理方案，对口帮扶科室每年开展新技术、新项目不少于 2 项。实施对口帮扶以来，共开展新技术、新项目 180 余项，各项新技术在祥云"落地生根"，留下了一支"带不走的医疗队"。

3. 增强医疗服务能力。一是提升常见病多发病诊治能力、危急重症救治能力。根据云南省卫计委关于 DRGs 分析评价情况通报，祥云县人民医院 2017 年 DRGs 综合排名居全省县级医院第二名，收治病种范围（DRGs 分组）由 2015 年的 495 组上升到 2017 年的 549 组，患者县外转诊率由 2015

年的 5.6% 下降到 2017 年的 3.05%，县域外患者住院人数由 2015 年的 2358 人次增加到 2017 年的 3086 人次。医院住院病种难度（CMI 值）由 2015 年的 0.9025 上升到 2017 年的 1.0399；三、四级手术占比由 2015 年的 20.21% 上升到 2017 年的 23.78%，低风险组患者死亡率由 2015 年的 0.0104% 下降到 2017 年的 0。收住院患者中危重症患者比例由 2015 年的 26.66% 上升到 2017 年的 32.58%，抢救成功率由 2015 年的 96.83% 上升到 2017 年的 97.03%。二是提升医院业务量。门急诊人次由 2015 年的 48.4 万增加到 2017 年的 60.9 万，出院人次由 2015 年的 3.8 万增加到 2017 年的 4.8 万，手术台次由 2015 年的 10498 台增加到 2017 年的 13487 台，床位使用率由 2015 年的 88.7% 增加到 2017 年的 98.2%。三是提升医疗服务效率。住院患者平均住院日由 2015 年的 7.2 天下降到 2017 年的 7.04 天，重点病种平均住院日由 2015 年的 8.88 天下降到 2017 年的 8.16 天，术前平均住院日由 2015 年的 2.7 天下降到 2017 年的 2.34 天。四是提升信息化管理水平。医院成立了信息数据中心，逐步提高信息化管理数据质量，目前可开展医疗质量指标分析、医保指标分析、成本运营管理分析等。

4. 提升医疗服务质量。支援专家积极参与建设"五个救治中心"，即胸痛中心、卒中中心、创伤中心、危重孕产妇救治中心、危重新生儿救治中心，并指导开展 MDT 诊疗项目 20 个，医院服务质量水平得到快速提高。常见病、多发病和危重急症诊断符合率由 2015 年的 98.7% 上升到 2017 年的 98.99%，重点疾病治愈好转率由 2015 年的 94.33% 上升到 2017 年的 96.6%，2017 年院内感染发生率为 0.7%，出院患者 30 天再住院率由 2015 年的 5.83% 下降到 2017 年的 5.44%。

5. 控制医疗费用不合理增长。通过 DRGs 支付方式改革，医院建立了内部控费体系，从药品、医用耗材、辅助检查、平均住院日等方面对各临床专科进行精细化管理。医院医疗费用结构日趋合理，药品收入占比由 2015 年的 31.72% 下降到 2017 年的 29.76%，医疗收入消耗的卫生材料费用占比由 2015 年的 22.34% 下降到 2017 年的 19.63%，诊疗服务收入占比由 2015 年的 31.88% 提高到 2017 年的 35.05%。

（二）全面推动医院跨越发展

对口支援工作使祥云县人民医院在观念转变、医院管理、学科建设、人才培养、服务能力等方面得到快速提高，全面提升医院综合服务能力。

1. 职工思想观念明显转变。一是学习观念的转变。专家们鼓励科室人员积极在每周的业务学习时间讲课，并带头在科室和院级开展专题讲座，医院形成了良好的学习氛围。二是理论与操作并重的观念转变。通过专家们的言传身教，转变了县医院医务人员"重操作，轻理论"的思想。随着合作的加深，医院职工在思想观念、工作、学习作风等方面一点点转变。上海九院专家"海纳百川"的精神及"谦和、严谨、认真、负责"的作风，成为县医院职工做人、做事的一面旗帜。

2. 加快县医院人才培养。一是每一位专家带动一个科室转变服务理念、强化学习意识、提高技术水平。二是上海九院共免费接收进修学习 6 个月至 1 年的骨干医师 23 人，科主任、护士长等中层管理干部为期 1 个月的轮训学习 115 人。三是与上海九院开通远程医疗专线，建立首家援滇远程医学会诊中心，共享上海九院优质医疗专家资源，实施远程医学教育，同时为很多长期往返多地，且得不到有效治疗的疑难病患者找到最好的医生进行诊疗。

3. 推动科研教学发展。指导成立科教科和 11 个教研室，建立科教工作体系，完善教学工作管理制度和保障制度，提高教学查房和手术示教水平，指导医护人员在核心期刊发表论文 20 余篇，首次举办国家级学术会议 2 次、省级学术会议 5 次、州级学术会议 3 次，通过对口帮扶，县医院已成为大理大学第九附属医院。

4. 促进医院内部管理和制度的创新。一是在上海九院专家的指导下，由专家所在科室带头拟订本科室规范化管理方案，目前医院各科室都已制订出具有科室特色的规范化管理方案，实施后使科主任、护士长管理更加得心应手，成效明显。二是专家积极参与医院的医疗管理，献计献策，如科主任全权负责制、院领导监督制度、三级医师管理制度、医疗器材管理制度等，促进医院管理制度的健全。三是创新医院管理，建设"六大体系"，包括医疗服务全过程质量体系、医疗风险防控体系、成本管理体系、优质服务体系、信息化建设体系、科研教学体系。

5. 建"二甲"创"三乙",区域医疗中心建设初具规模。2012 年作为云南省首家县市级医院通过二级甲等医院评审,2017 年作为云南省首批县市级医院通过县级中心医院提质达标验收,成为省内县级医院中的标杆医院。为更好地发挥区域性医疗中心作用,专家们按照三级综合医院评审标准要求,紧紧围绕"质量、安全、服务、管理、绩效",坚持以评促建、以评促改、评建并举、重在内涵的指导思想,不断加强医院内涵建设,计划于2018 年内向云南省卫生计生委申报三级乙等医院评审。

(三)赢得良好社会反响

上海九院的帮扶,不仅让祥云县人民医院服务能力及医疗水平逐年上升,患者满意度逐年提高,更在扶贫攻坚工作中助力祥云县人民医院,贯彻落实云南省健康扶贫 30 条措施,让更多的贫困患者就近治疗,切实减轻了患者就医负担,减少因病致贫、因病返贫,助力打赢脱贫攻坚战。

2017 年 5 月 23 日,《中央人民广播电台健康报》《解放日报》《文汇报》《新民晚报》《劳动报》《新闻晨报》、澎湃新闻网等八家媒体到祥云县人民医院对沪滇对口支援工作进行采访报道。

2017 年 6 月,上海九院被评为"2014—2016 年度上海市对口支援与合作交流工作先进集体"。

2017 年 8 月 12—13 日,中央电视台记者至医院以精准健康扶贫为主题拍摄对口支援工作情况。

2017 年 8 月 26 日,上海市委代表团一行在上海市市长应勇的带领下,到医院考察云南省三级医院对口支援扶贫县级医院工作,对医院的工作开展情况给予了高度评价。

2017 年 12 月 11—13 日,医院配合上海广播电视台媒体中心拍摄系列纪录片《中国面临的挑战 3》,将中国东西部城乡对口支援的工作成效聚焦呈现。

（执笔：上海市第九人民医院）

苏州大学附属第一医院对口帮扶
贵州省石阡县人民医院的有关经验

　　为认真贯彻落实习近平总书记在东西部扶贫协作座谈会上的指示精神，根据《贵州省人民政府办公厅国家卫生计生委办公厅关于印发进一步加强医疗卫生对口帮扶助推贵州省全面提升医疗卫生服务能力工作方案的通知》，2016年，苏州对口帮扶铜仁工作启动。两市共同拟定《苏州市对口帮扶铜仁工作五年规划（2016—2020）》，其中医疗卫生帮扶工程提出以"三百工程"为抓手，全面建立两地医疗卫生单位间对口帮扶关系，通过技术指导和人才培养等手段，重点在医院管理、临床科研、学科建设、卫生信息化等方面给予扶持。苏州大学附属第一医院作为苏南区域诊疗中心，在2016年年底与铜仁市石阡县人民医院在贵阳签署了帮扶协议，从此"千里姻缘一线牵"，承担起了对口帮扶的神圣使命。

　　"医院对口帮扶"是国家精准扶贫工程的重要内容之一，如何落地达到精准帮扶发展医院、助力健康、造福百姓的目标是关键。一直以来，苏州大学附属第一医院高度重视对口支援工作，将对口支援作为医院的一项重要政治任务来抓，始终坚持以"互惠互利、共同发展"为原则开展工作。自签订协议以来，一批批医疗专家以"接力棒"形式先后踏入黔地深山，利用各自的优势，将一项项新技术落地传承，使一例例重危患者得以重获新生，共同谱写出一曲曲医疗支援动人赞歌。

一、主要做法

（一）领导重视，组织健全

为扎实做好援阡工作，苏州大学附属第一医院成立了对口支援领导小组，院主要领导亲自挂帅，下设办公室在医务管理处。领导小组定期召开专题工作会议，制订工作计划，认真抓好落实，及时总结经验，为对口支援工作的顺利贯彻和执行提供了组织保障。医院还通过行政办公会、周会、院务会等会议研究部署对口支援工作，要求各科室认真参照各项标准和要求，明确责任分工，提高思想认识，全面推动支援工作高效有序开展。

（二）形式多样，确保实效

通过专家临床诊疗示范、教学查房、病案讨论、举办学术讲座、开展会诊、义诊、指导临床医疗等形式，提高石阡县人民医院的医疗技术水平。另外，根据石阡县人民医院的实际情况和特点，指导其开展常见病、多发病防治，发展适宜新技术、新疗法，形成专科特色，促进诊疗技术水平和服务质量的提高。

（三）依托实际，突出重点

根据石阡县人民医院的具体需求，有重点、有条件、有差别地开展对口支援工作，既突出重点，又全方位保障。将"骨科、妇科、普外科、消化内科、神经外科、重症医学科、急诊急救医学科"作为"5+2"重点专科打造，以"5+2"重点专科建设为切入点，加快补齐人才、设备短板，配齐配强医疗卫生资源，推进医疗技术整体全面发展。

（四）示范带动，整体推进

苏州大学附属第一医院高度重视模范先锋作用，充分以典型促发展，加大宣传力度，塑造优秀典型。注重对口支援的宣传工作，通过媒体、网络等渠道对典型先进事迹的宣传报道，扩大社会影响，调动医务人员参与对口支援工作的积极性和主动性。

（五）政策保障，注重考核

一方面，苏州大学附属第一医院给予对口支援选派人员待遇不变、福利不变、评先优先等政策支持；另一方面，对派出人员进行考核，将对口支援工作的考核纳入各项考核指标，严格落实奖惩措施。

二、支援内容

根据石阡县人民医院实际情况及需求，从四个方面着手开展对口支援工作：一是提高技术水平，开展新技术，提高手术操作等技能；二是培养适宜人才，重点抓适宜人才培养与技术操作配套工作；三是抓好学科建设，帮助该院选择病源多、潜力大的专科学科进行重点扶持；四是改进医院管理水平，重点提高医务、护理、手术室等管理水平。

截至目前，根据石阡县人民医院的专业需要，苏州大学附属第一医院援阡专家们已对口帮扶了神经外科、重症医学科、急诊科、骨科、普外科、泌尿外科、耳鼻咽喉科、眼科、肿瘤科、妇科、心内科、肾内科、呼吸科、消化科、感染科及心超室等十余个科室，开展了数百台各类手术，诊疗了上千例疑难病例，并开创当地首例新技术 30 余项。截至 6 月份，已派出七批共 40 名专家赴该院开展为期 3 个月的对口支援工作。2018 年 4 月，苏州大学附属第一医院又派出神经外科副主任医师 1 名至石阡县人民医院挂职副院长 1 年，重点在医院管理、重点专科建设和科研方面进行帮扶。

同时，帮扶期间神经外科、眼科、重症医学科、中心 ICU、普外科、超声科、妇产科、心内科、泌尿外科等科主任、技术骨干、护理及行政管理骨干 100 余人也赴石阡县人民医院进行交流指导。专家们倾囊相授，力求通过传帮带的作用提高石阡县人民医院整体医疗水平，受到当地医务人员及群众的一致好评。

三、主要成效

苏州大学附属第一医院以各种优势资源下沉到石阡县人民医院，使其在医疗服务、学科建设、医学科研、医院管理等方方面面有了"质"的飞跃。2017 年 7 月，石阡县人民医院顺利通过三级综合医院的认定评审，2018 年 7 月，在苏州大学附属第一医院帮助下石阡县人民医院成立了脑卒中防治中心。此外，苏州大学附属第一医院与石阡县人民医院已经开通了远程医疗会诊专线，随时为其提供免费的远程会诊。

（一）弥补了技术空白

苏州大学附属第一医院通过对口支援工作将先进的医疗技术和管理理念带到石阡地区，填补当地的技术空白，全方位提升医疗技术水平。自与石阡县人民医院建立合作关系以来，共帮助其开展新技术、新项目 30 余项，尤其是神经外科、骨科、普外科、重症医学科方面，部分已作为常规开展项目。

（二）推动了专科发展

苏州大学附属第一医院通过帮助实施专科建设工作方案，促使其建立以专科建设为尺度和依据的经费投入和分配、竞争机制，制定和实施加大专科建设投入、优化人员队伍结构、创新科研组织与管理机制、改革人才培养模式等一系列政策和措施，使医院在新的起点上进一步推动专科发展。目前除了"5+2"科室，还组织其他 5 个科室申报了铜仁市的重点专科。

（三）提高了科研水平

苏州大学附属第一医院选派专家在不影响临床工作的前提下，积极向石阡县人民医院医务人员介绍科研对医院、科室和个人发展的重要性，结合石阡县实际情况，着手为相关科室特别是要争创省、市级重点专科的科室制定切实可行的科研任务考核机制，层层落实，不断提高其科研能力。目前医院申报省、市级课题7项，神经外科发表了贵州省县级医院第一篇SCI文章。

（四）培养了专业人才

苏州大学附属第一医院对口支援队伍服务专业由单一的临床医疗拓展到护理、医技、管理等，通过传帮带教等多种途径，利用"请进来""走出去"策略及信息化工具等多种手段培养学科带头人和业务骨干。目前，苏州大学附属第一医院免费接收了石阡县人民医院20余名进修生到医院进修学习。

四、下一步工作打算

苏州大学附属第一医院将继续按照对口支援协议内容，在全面、深入总结已有工作经验的基础上，按照认识再提高、方案再细化、方法再改进、措施再落实、成果再扩大的总体要求，进一步推进援黔工作，以人员、技术、管理为主要支援方式，加强以人才、技术、重点专科为核心的能力建设，提高对口支援的针对性、可行性和实效性。

1.与石阡县人民医院进一步洽谈对口支援工作细节，根据双方实际情况，调整、改进支援内容与方式，结合石阡县人民医院的具体需求，有重点、有条件、有差别地开展对口支援工作，既突出重点，又全方位保障。

2.提高常见病、多发病、部分危急重症和疑难复杂疾病的诊疗水平，加快推进石阡县人民医院人才培养，提高医疗质量与安全管理水平，提升其综合服务能力。

3.加强对口支援工作的监督管理，纳入年度目标考核内容；加强对口支援专家工作组和派驻人员的管理，定期对工作开展情况进行监督检查，认真抓好落实，及时解决工作中出现的新情况、新问题。

4.与石阡县人民医院确定具体的技术协作项目，重点帮助医院独立开展适宜的新技术、新业务，建设一批特色专科、重点专科，培养一批骨干人才和科室带头人。

5.根据医院实际需求和适宜技术推广情况，帮助其选拔医务人员至苏州大学附属第一医院进修和培训，强化理论基础，掌握适宜技术，提高管理水平。

"路漫漫其修远兮，吾将上下而求索。"医院对口精准帮扶工程，要出成效、促健康、惠人民，就需要脚踏实地去践行和摸索。自从石阡县人民医院成为苏州大学附属第一医院的重点帮扶对象那一天起，苏州市和石阡县虽远隔三千里，却已经演绎了一场以百姓健康为中心、以医院发展为关键的旷世大爱。苏州大学附属第一医院作为一所有着悠久历史的百年老院，在各方的大力支持下，我们有信心使石阡县人民医院成为全国县域医院发展的典范。

（执笔：苏州大学附属第一医院）

浙江大学医学院附属第二医院对口帮扶贵州省台江县人民医院的有关经验

　　台江县位于贵州省东南部、黔东南苗族侗族自治州中部。台江县人民医院是全县唯一一所"二甲"综合性医院和爱婴医院。由于管理、设备和技术相对落后，多年来医院医疗服务和硬件建设都比较薄弱，医院发展举步维艰、难上台阶，人心思变、队伍不稳。

　　2016年4月23日，根据党中央、国务院关于推进新时期扶贫攻坚重要战略部署和健康扶贫有关要求，浙江大学医学院附属第二医院（以下简称"浙医二院"）与台江县人民政府签订帮扶协议，缔结对口帮扶关系。同年5月30日，"浙江大学医学院附属第二医院（浙医二院）台江分院"（以下简称"台江分院"）正式挂牌。

　　两年来，浙医二院对贵州省台江县人民医院的对口帮扶工作在中组部、浙江大学、浙江省卫生计生委和当地政府的指导和支持下，通过不断努力，在2016年"六个前所未有"的基础上，2017年又实现了"六个全面提升"，即员工的发展理念全面提升、医院管理质量全面提升、学科平台建设全面提升、医院技术和服务能力全面提升、医院品牌形象全面提升、医院文化建设全面提升，初步解决了苗乡老百姓看病难、看病远、看病贵的问题。

一、医院领导高度重视，机制保障措施到位

　　浙医二院自2016年签订对口帮扶协议并挂牌台江分院以来，院领导高

度重视援黔工作，多次带队赴台江分院开展大型义诊并调研指导帮扶工作。充分考虑台江分院发展需要，委派院资深管理专家汪四花担任台江分院院长至今。将援黔工作与党建工作紧密结合，先后有多个党支部，通过开展党员活动的形式，由支部书记带队前往台江分院开展援助工作。医院还制定完善了援黔相关政策，从资金补助、职称晋升等方面给予倾斜，专家到台江分院帮扶 6—12 个月为一个周期，平均每月有 8—12 名专家长驻台江分院，每月有这么多专家在临床一线坐诊，从制度上保障了援黔对口支援工作的常态化开展。

二、组团式全方位帮扶，充分注重援助实效

根据中组部、浙江大学、省卫计委相关援黔工作要求，为持续增强对台江分院的医疗技术力量支持，浙医二院从管理、医疗、教学、科研等方面给予全方位的技术帮扶，同时还从经费、人员、设备投入等方面给予全方位的保障。

（一）抓管理

援黔团队在汪四花的带领下，经过反复调研，决定以制度建设为切入点，导入先进的医院管理模式，推动台江分院系统性改变。

2016 年台江分院先后制定了员工劳动纪律、外出进修以及考核淘汰等人事制度，财务报销、资金审批、成本核算等财务制度，药品管理、病历管理和质控等医疗管理制度；推行弹性排班、院长查房、临床路径等措施。2017 年，又制定和修订了跨科收治病人管理、帮扶专家管理、患者身份确认制度等，规范了医疗设备、耗材的采购，防范风险；对新增制度的落实采用"四部曲"实施，即培训—考核—稽查落实—改进，结果与年度目标责任挂钩的工作机制。

紧紧围绕"患者安全"大刀阔斧地进行流程改进，从门诊首诊负责制、

手术管理到院感防控、突发事件管理，从物资采购到资金使用，从挂号收费窗口服务改进到超声、心电图等部门搬迁改造，再造和优化了多个工作流程，极大地改变了以往散漫、低效的氛围，提高了工作效率，既改善了广大群众的就诊体验，又推进了医疗质量与安全管理，提升了医疗服务能力。

迄今，台江分院已新增和修订诊疗流程近 60 项，并且在制度面前人人平等，实行"以制度管人"，狠抓落实，规范医疗行为，持续改进流程，提升服务品质。

（二）传技能

自帮扶以来，专家们共在台江分院开展了新技术 112 项。2017 年，台江分院创建了临床技能培训中心，通过开展大型培训和应急演练，巩固医务人员的气管插管、深静脉穿刺等急救应急技能，成立了全院急救小组，提高了全院急救反应能力，减轻临床科室急救时人力不足的压力，为患者安全构建坚固的屏障，目前已成功施救了 40 余例病人。

（三）强学科

帮扶专家充分利用分院现有条件，大力推进临床技术和项目引进推广，技术水平立竿见影得到提升。两年多来，台江分院共新开学科 4 个，包括妇科、泌尿外科、中医康复科以及黔东南地区首个先进的消化内镜中心，并在当地率先开通并开展名医远程会诊，新建心脏介入中心、核磁共振、消毒供应中心等部门。目前台江分院已形成了泌尿外科、妇产科、心血管内科、消化内科、神经内科和急诊科、重症监护病房等"5+2"七个学科的建设。技术更新和学科开展，不仅填补了台江县医疗发展多项空白，更是极大地减轻了疾病给广大老百姓带来的病痛折磨，避免外出就医而给患者带来额外经济负担。

（四）育人才

人才是推动医院发展的核心要素。浙医二院先后派出帮扶专家 15 批次共 32 名，涵盖管理、妇科、血液科、神经内科、消化内科、肾内、泌尿外科、普外科、骨科、放射、麻醉、消化内镜、ICU、检验、护理、财务等 16 个专业。在支援专家管理方面，采取"一对一"的导师制帮扶带教，还进一步规范支援专家的工作制度，包括学术课程安排、新技术新项目开展的支持、出勤考核、工作量的收集和整理、工作效果考评等，实行支援专家与跟班医生之间的双向考核，确保技术传承。每一位支援专家在支援结束时，在中层以上干部例会上介绍帮扶工作的具体情况。每季度召开支援专家座谈会，提出意见和建议，进一步提升帮扶质量。

在帮扶过程中，专家们不仅仅"授人以鱼"，更"授人以渔"。2016 年 4 月至 2018 年 6 月，专家举办学术讲座和学习班等 595 次，开展临床查房、手术、疑难病例、会诊、义诊等 4111 次，手把手带动当地医务人员提升水平。2016 年 9 月起，台江分院开始有计划地加强人才队伍建设。人才培养"请进来"与"送出去"相结合，骨干医生先后被派往浙医二院、贵阳骨科医院进修培训；76 名医院中层干部（科主任、护士长）、业务骨干被派往浙医二院进修学习。另外还积极争取社会各方面的关心支持，解决 209 名备案制人员和调入 8 名专业技术人员，出台人才引进方案，支持引进紧缺人才。

（五）创品质

浙医二院还把"患者与服务对象至上"的核心价值观通过援助工作与台江分院的医院文化与内涵建设进行融合。通过创建"院徽"，组织全院干部职工开展各类文体活动，增强凝聚力。与临聘人员签订用工协议，解决临聘人员养老保险问题，解除临聘人员后顾之忧。引进"6S"活动，加强院风、院貌和环境的整治；规范各病区、治疗室及抢救柜的定位管理。加大禁烟力度，各科室有专人负责禁烟工作，严禁病区内吸烟。加强消防设施的管理，做到消防安全设施随时处于备用状态，员工们从身到心都感受到了医院实实在在的改变，2016 年下半年至 2018 年上半年，职工对院领导班子满意率超过 95%。

（六）扩成效

帮扶专家不仅帮助台江分院，哪里有需要就到哪里去。他们利用双休日走村串寨义诊。两年多共计开展医疗下乡义诊活动 54 次，免费义诊 3752 人次。2017 年起，还与 6 个乡镇卫生院（革一镇、台拱镇、老屯乡、施洞镇、排羊乡、台盘乡）签订了帮扶协议，采取一对一精准帮扶模式，将浙医二院优质医疗资源进一步辐射到基层医疗机构。经过近一年的努力，各帮扶村的老百姓生活习惯得以改变，健康意识得以提升，各村卫生室环境和工作流程得以改变。

三、援黔医疗对口帮扶取得的阶段性成果

（一）经费和设备投入到位

在浙江大学的支持下，2016 年 5 月，浙江大学专项赞助台江分院 2000 万元经费，其中 1850 万元用于设备更新，首批购置了 1.5T 磁共振、超声刀、钬激光碎石机、电子胃肠镜、DSA、高频电系统等设备。浙医二院捐赠了价值 40 万元的名医远程会诊设备，将分院建成黔东南首个名医远程可视会诊中心。2017 年还捐赠了价值 92 万元的有创呼吸机、全自动生化分析仪。2017 年年初，台江分院又购置了无创呼吸机、床旁 DR、有创呼吸机、新生儿呼吸机、床旁 B 超机、十二通道心电图机、等离子消毒机等公共应急设备，分院的信息化建设工作一期已完毕。2018 年 5 月 1 日，专家团队帮助分院启动 DSA，并进行手术观摩验收。2018 年 7 月 12 日，浙医二院又捐赠价值 60 万元的远程医疗设备开通 eICU（即互联网＋重症监护托管模式）远程平台，使远程医疗团队能远程参与救治病人的全过程，实现了重症监护的同质化管理。2018 年 7 月 23 日根据台江分院的临床需求，医院讨论决定再次追加捐赠呼吸机、低温等离子消毒机、空气消

毒机等设备，加大帮扶力度。台江分院建设发展和设备更新金额之多、力度之大、效率之高，前所未有。这一切，为台江分院提高医疗诊治水平、服务一方百姓，打下坚实基础。

（二）医疗服务量提升

2016 年外县病人前来就医人数与 2015 年同期相比增加 50%。门急诊 74222 人次，同比增长 30%；住院 12907 人次，同比增长 18%；手术 1244 台次，同比增长 66%。2017 年外县病人前来就医人数与 2016 年同期相比增加 53%；门急诊 88437 人次，同比增长 19%；住院 15738 人次，同比增长 23%；手术 1774 台次，同比增长 52%。2018 年 1—6 月，门急诊 56511 人次，同比增长 34%；住院 7107 人次，同比降低 7%；手术 1066 台次，同比增长 32%。

（三）各级领导的关心和肯定

2017 年 4 月，时任中组部部长赵乐际，在台江分院调研时肯定了浙医二院的帮扶工作。"浙医二院组团式帮扶，为台江县医院带来了设备、带来了管理、带来了技术，带来了台江广大人民群众对县医院的高度评价。汪四花同志及她所在的浙医二院的其他帮扶专家作出很多牺牲，台江县干部群众要向他们学习，把浙医二院的精神和管理理念传承下来，把台江县的医疗水平提升起来，更好解决广大群众看病难、看病远、看病贵等问题。"

2017 年 5 月 11 日，时任国务院副总理刘延东通过台江分院远程医疗协作网络，对浙医二院对台江分院的帮扶工作给予了充分肯定和殷切期望。

2018 年 4 月 11 日，中央政治局常委、中央书记处书记、中央组织部部长陈希到台江分院调研视察。2018 年 5 月 2 日，浙江省委书记车俊、贵州省委书记孙志刚等领导到台江分院调研视察，都对浙医二院帮扶台江分院的成效给予高度肯定。

（四）社会认知度提升

医院帮扶工作在贵州省、黔东南州、台江县电台和报纸等多家媒体宣传报道，帮扶专家、医院领导及同事接受省、州电视台的多次采访、报道并在不同会议上进行经验交流。黔东南州邻县兄弟医院纷纷到台江分院交流学习。2017 年 5 月 17 日，贵州省卫生计生委主任王忠来院调研，评价"浙医二院的帮扶模式值得推广"。2018 年 3 月 28 日，以浙医二院帮扶专家的事迹为素材的"天使日记"在贵州省卫计系统先进事迹巡演首演式上被搬上舞台。《洒向苗疆都是爱　育得苗岭花盛开》入选教育部"第二届直属高校精准扶贫精准脱贫十大典型项目"。浙医二院派驻专家汪四花获得"黔东南州2017 年脱贫攻坚帮扶黔东南优秀帮扶干部""脱贫攻坚共产党员特殊贡献奖"等荣誉称号及奖项。

此外，台江分院还获得"先进基层党组织""学习型党组织""全州文明单位""敬老文明号""黔东南州人感染 H7N9 禽流感防控工作先进集体""5.12国际护士节心肺复苏技能比赛先进集体""护士岗位技能竞赛活动集体奖""院感爆发信息上报工作表彰""院感横断面调查优秀组织奖""院感管理质量控制监测指标上报工作表彰"等 13 个荣誉称号及奖项。

四、下一步工作打算

东西部扶贫协作和对口支援，是推动区域协调发展、协同发展、共同发展的大战略，浙医二院坚持"输血式"救助和"造血式"帮扶有机结合，打好帮扶台江的健康扶贫攻坚战，共同创建一个管理制度健全、医疗专业技术精湛、服务水平良好的台江分院，努力成为黔浙两省乃至全国对口合作的典范。一是继续派驻优秀骨干医师进行帮扶，不定期派驻医疗、护理及管理专家进行现场调研和指导工作。二是根据台江分院需求捐赠所需的设施设备，逐步落实前期购置的设施设备投入临床使用。三是鼓励医务人员因地制宜开展新技术新项目，加大宣传力度，提高支援医院在当地的知名度。四是做好"传帮带"，继续接受支援医院的人员来院进修学习，确保当地医护人员技术能力持续提升。

（执笔：浙江大学医学院附属第二医院）

附录　健康扶贫大事记

（2015—2018 年）

2015 年 11 月，习近平总书记在中央扶贫开发工作会议上指出，要大力加强医疗保险和医疗救助。从贫困发生原因看，相当部分人口是因病致贫或因病返贫的。要建立健全医疗保险和医疗救助制度，对因病致贫或因病返贫的群众给予及时有效的救助。新型农村合作医疗和大病保险政策要对贫困人口倾斜，门诊统筹要率先覆盖所有贫困地区，财政对贫困人口参保的个人缴费部分要给予补贴。要加大医疗救助、临时救助、慈善救助等帮扶力度，把贫困人口全部纳入重特大疾病救助范围，保障贫困人口大病得到医治。要实施健康扶贫工程，加强贫困地区传染病、地方病、慢性病防治工作，全面实施贫困地区儿童营养改善、孕前优生健康免费检查等重大公共卫生项目，保障贫困人口享有基本医疗卫生服务。

2015 年 11 月，《中共中央　国务院关于打赢脱贫攻坚战的决定》（中发〔2015〕34 号）明确提出，开展医疗保险和医疗救治脱贫。实施健康扶贫工程，保障贫困人口享有基本医疗卫生服务，努力防止因病致贫、因病返贫。

2016 年 2 月，原国家卫生计生委、国务院扶贫办、国家中医药管理局、中央军委政治工作部和中央军委后勤保障部联合发布了《关于印发加强三级医院对口帮扶贫困县县级医院工作方案的通知》（国卫医发〔2016〕7 号），在全国组织开展三级医院（含军队和武警部队医院）对口帮扶贫困县县级医院工作，进一步提升贫困县县级医院的服务能力，助力农村贫困人口脱贫。

2016 年 6 月，原国家卫生计生委、国务院扶贫办等 15 个部委联合出台了《关于实施健康扶贫工程的指导意见》（国卫财务发〔2016〕26 号），架构起健康扶贫脱贫攻坚战的顶层设计，提出到 2020 年实现贫困人口基本医疗有保障、防止因病致贫因病返贫、推进贫困地区健康乡村建设等目标。

2016 年 7 月，原国家卫生计生委、国务院扶贫办、中央军委后勤保障部卫生局在兰州召开全国健康扶贫工作电视电话会议。会议传达了国务院副总理刘延东、汪洋关于健康扶贫工作的重要批示，对实施健康扶贫工程进行了全面部署。

2016 年 8 月，习近平总书记在全国卫生与健康大会上指出，要深入实施健康扶贫工程，提高贫困地区医疗卫生服务能力，做到精确到户、精准到人、精准到病，通过加强人才培养、对口支援等形式提高当地卫生服务能力，保障贫困人口健康。

2016 年 8 月，原国家卫生计生委、国务院扶贫办、人力资源社会保障部组织全国 80 万基层卫生计生人员进村入户，针对疾病费用负担重、导致严重影响生产生活能力的 45 个重点病种和 48 个次重点病种，逐户、逐人、逐病调查核实因病致贫返贫贫困家庭成员患病情况并建立工作台账，摸清了全国 553 万户因病致贫返贫家庭（734 万人）的患病情况，建立了健康扶贫工作数据库。

2016 年 10 月，原国家卫生计生委、国务院扶贫办联合出台了《健康扶贫工作考核办法》（国卫财务发〔2016〕56 号），对中西部 22 个省（区、市）健康扶贫工作成效进行年度考核。

2017 年 1 月，民政部、财政部、人力资源社会保障部、原国家卫生计生委、保监会、国务院扶贫联合发布《关于进一步加强医疗救助与城乡居民大病保险有效衔接的通知》（民发〔2017〕12 号），进一步加强医疗救助和城乡居民大病保险两项制度在对象范围、支付政策、经办服务、监督管理等方面的衔接，充分发挥制度效能，发挥保障困难群众基本医疗权益的基础性作用。

2017 年 1 月，原国家卫生计生委、国务院扶贫办联合发布了《关于开展健康扶贫工程示范县建设的通知》（国卫办财务函〔2017〕131 号），在中西部 22 个省（区、市）开展示范县建设，在组织领导、工作机制、政策措施安排、重点任务落实等方面积极探索、开拓创新，推出一批在健康扶贫工作体制机制和政策突破等方面可持续、可复制的先进典型，发挥引领作用，为全国实施健康扶贫工程提供示范经验和可供借鉴的样板。

2017 年 2 月，习近平总书记在十八届中央政治局第三十九次集体学习时指出，要落实教育扶贫和健康扶贫政策，突出解决贫困家庭大病、慢性病和学生上学等问题。要加强农村低保同扶贫开发有效衔接，确保应扶尽扶、应保尽保。

2017 年 2 月，原国家卫生计生委、民政部、国务院扶贫办联合发布《关于印发农村贫困人口大病专项救治工作方案的通知》（国卫办医函〔2017〕154 号），要求各地到 2018 年年底前，组织对"健康扶贫管理数据库"里的建档立卡农村贫困人口和经民政部门核实核准的农村特困人员和低保对象中，罹患食管癌、胃癌、结肠癌、直肠癌、终末期肾病、儿童白血病和儿童先天性心脏病等大病患者进行集中救治。有条件的地方，可以结合实际需求和医疗服务及保障水平，扩大专项救治的人群及病种范围。

2017 年 2 月，原国家卫生计生委发布《关于印发农村贫困人口住院患者县域内先诊疗后付费工作方案的通知》（国卫办医函〔2017〕186 号），推进城乡居民基本医保（新农合）县域内实施农村贫困住院费用"先诊疗，后付费"，入院时不须缴纳住院押金，由定点医疗机构与新农合经办管理机构之间进行结算，减轻患者垫资压力。

2017 年 3 月，习近平总书记在 2017 年"两会"期间回应全国政协委员的发言时指出，因病致贫、因病返贫是扶贫"硬骨头"的主攻方向，健康扶贫是一项长期的艰巨任务，要采取"靶向治疗"措施，建立长效保障机制，解决因病致贫返贫问题。

2017 年 3 月，李克强总理在《政府工作报告》中提出，今年中央财政专项扶贫资金要增长 30% 以上，今年再减少农村贫困人口 1000 万以上，做好对因病致贫返贫的群众帮扶，增强贫困地区和贫困群众自我发展能力。

2017 年 4 月，原国家卫生计生委等 6 部委联合发布了《健康扶贫工程

"三个一批"行动计划》，提出"三个一批"行动措施，对患有大病和长期慢性病的贫困人口实行分类分批救治，进一步推动健康扶贫落实到人、精准到病，实行挂图作战，做到应治尽治、应保尽保。

2017年4月，原国家卫生计生委、国务院扶贫办召开国新办专题新闻发布会，王培安副主任两次出席介绍健康扶贫工程指导意见和"三个一批"行动计划等有关情况。

2017年6月，原国家卫生计生委、国务院扶贫办、中央军委后勤保障部在成都召开全国健康扶贫工作现场推进会。会议提出，全面实施"三个一批"行动计划，按照大病集中救治一批、慢病签约服务管理一批、重病兜底保障一批的要求，对全国700多万患病贫困群众开展分类救治，确保2017年家庭医生签约服务覆盖所有农村贫困人口，确保到2018年年底，儿童白血病、儿童先天性心脏病、食管癌等9种大病集中救治覆盖所有农村贫困人口，确保到2020年农村贫困人口大病应治尽治、不落一人。

2017年9月，原国家卫生计生委、国务院扶贫办印发《关于做好贫困人口慢病家庭医生签约服务工作的通知》（国卫办基层函〔2017〕928号），要求各地进一步核实核准农村贫困人口中的慢病患者，并纳入家庭医生签约服务管理，优先覆盖高血压、糖尿病、结核病等慢病患者，逐步扩大到全部慢病人群，力争到2017年年底实现建档立卡农村贫困人口签约服务全覆盖。有条件的地区可逐步覆盖农村低保对象、特困人员、贫困残疾人等人群。

2017年10月，原国家卫生计生委组织开展贫困地区医疗卫生机构基本情况基线调查，覆盖832个贫困县、1.8万个医疗卫生机构，涵盖设施条件、卫生计生技术人员、专科建设、服务提供、经济运行等全方位情况，建立了机构能力基础数据库。

2017—2018年，原国家卫生计生委委托中国人口与发展研究中心对中西部22个省（区、市）开展2016—2017年度健康扶贫考核，并对考核结果进行通报，有关情况纳入省级党委和政府扶贫开发工作成效考核。

刘延东副总理明确要求将健康扶贫工程列入2017年改善民生的"三项行动"，要求采取针对性更强的措施，大力推进。并专门对全国健康扶贫工作现场推进会作出重要批示，要求将实施健康扶贫工程作为重要政治任务，进一步完善政策体系，加大落实力度，攻坚克难，保障农村贫困人口享有基本医疗卫生服务，防止因病致贫因病返贫，坚决打赢脱贫攻坚战。

汪洋副总理指出，疾病是贫困增量产生的主要原因之一，要求加大健康扶贫政策供给力度，减少存量，抑制增量。

2018年3月，在党的十三届全国人大第一次会议"部长通道"上，原国家卫生计生委主任李斌指出，在遏制因病致贫方面，我国根据734万贫困患者的具体情况，确定了"三个一批"（大病集中救治一批、慢病签约服务管理一批、重病兜底保障一批）的做法，截至2017年年底，分类救治了420多万贫困患者，去年有185万户因病致贫户摆脱贫困。通过对贫困患者采取倾斜性支持保障政策、补充保险等办法，2017年贫困家庭个人负担的医疗费用负担比例下降了20%左右。

孙春兰副总理指出，要加大健康扶贫力度，健全大病保障机制，着力解决因病致贫问题。2018年4月8日至10日孙春兰副总理在山西调研时强调，解决因病致贫因病返贫问题是脱贫攻坚的"硬骨头"，要分类施策、精准帮扶、尽力而为、量力而行，发挥基本医保、大病保险、补充医疗保险的叠加效应，拓展大病集中救治病种范围，完善兜底保障机制，降低贫困人口医疗负担。

2018年4月25日至26日孙春兰副总理在宁夏调研时强调，健康扶贫是当前卫生健康工作的重中之重，必须集聚资源、精准施策、合力攻坚。

2018年4月，国家卫生健康委员会《关于印发坚决完成深度贫困地区健康扶贫任务的实施方案的通知》（国卫办财务函〔2018〕291号），采取更加集中的支持、更加有效的举措、更加有力的工作，加大"三区三州"等深度贫困地区健康扶贫推进力度。

2018年7月，国家卫生健康委员会联合国务院扶贫办在四川省成都市召开全国健康扶贫三年攻坚工作会议，会议指出，实施脱贫攻坚以来，国家卫生健康委员会会同国务院扶贫办等有关部门，围绕让贫困人口"看得起病、看得好病、看得上病、少生病"，精准施策，统筹推进，健康扶贫取得重大阶段性进展。截至2017年年底，累计核实需救治的849万贫困人口中，已有 804 万人入院治疗或享受了签约服务，覆盖近 95% 的大病和慢性病患者。会议强调，未来三年要实施贫困人口托底医疗保障、大病和慢性病精准救治、医疗卫生服务能力提升、传染病和地方病综合防治、健康促进和深度贫困地区健康扶贫等六大攻坚行动。

2018 年 7 月，国家卫生健康委员会联合国务院扶贫办在四川省成都市召开"三区三州"健康扶贫攻坚工作座谈会，会议强调，"三区三州"健康扶贫是脱贫攻坚硬仗中的关键战役，要科学研判形势、合理确定目标、坚持问题导向，实行政策优先供给、项目优先安排、资金优先支持、资源优先配置、社会力量优先对接，统筹中央支持、对口支援、社会力量和"三区三州"自身力量，加大投入和攻坚力度，实现"三区三州"贫困人口基本医疗有保障。

2018 年 9 月，国家医疗保障局、财政部、国务院扶贫办印发《医疗保障扶贫三年行动实施方案（2018—2020 年）》（医保发〔2018〕18 号），明确了到 2020 年，农村贫困人口全部纳入基本医保、大病保险和医疗救助保障范围，医疗保障受益水平明显提高、医疗保障更加有力。

2018 年 10 月，国家卫生健康委员会、国家发展改革委、财政部、国家医疗保障局和国务院扶贫办印发《关于印发健康扶贫三年攻坚行动实施方案的通知》（国卫财务发〔2018〕38 号），明确了到 2020 年，基本医疗保险、大病保险、签约服务管理、公共卫生服务对农村贫困人口实现全覆盖；贫困地区医疗卫生服务能力和可及性明显提升，贫困人口大病和长期慢性病得到及时治疗，贫困地区艾滋病、结核病、包虫病、大骨节病等重大传染病和地方病得到有效控制，健康教育和健康促进工作明显加强，贫困地区群众健康素养明显提升。

2018 年 10 月，国家卫生健康委员会、国务院扶贫办印发《关于印发贫困地区健康促进三年攻坚行动方案的通知》（国卫办宣传函〔2018〕907 号），明确了到 2020 年，实现贫困地区居民健康教育全覆盖。省、地市、县各级建成健康教育骨干队伍并实现培训全覆盖。以县为单位，50% 的中小学校达到健康促进学校标准。各贫困县区居民健康素养水平达到本省（区、市）2020 年目标水平或较 2018 年提高 60%。

责任编辑：王新明
责任校对：夏玉婵
封面设计：汪　阳
版式设计：杜维伟

图书在版编目（CIP）数据

中国健康扶贫研究报告 / 中国人口与发展研究中心 编著；贺丹主编 .—北京：
　人民出版社，2019.7
ISBN 978 - 7 - 01 - 021019 - 3

I. ①中… 　II. ①中…②贺… 　III. ①扶贫 - 研究报告 - 中国 　IV. ① F126

中国版本图书馆 CIP 数据核字（2019）第 137310 号

中国健康扶贫研究报告
ZHONGGUO JIANKANG FUPIN YANJIU BAOGAO

中国人口与发展研究中心 编著　贺丹 主编

人民出版社 出版发行
（100706　北京市东城区隆福寺街 99 号）

北京中科印刷有限公司印刷　新华书店经销

2019 年 7 月第 1 版　2019 年 7 月北京第 1 次印刷
开本：710 毫米 ×1000 毫米 1/16　印张：14
字数：207 千字

ISBN 978 - 7 - 01 - 021019 - 3　定价：35.00 元

邮购地址 100706　北京市东城区隆福寺街 99 号
人民东方图书销售中心　电话：（010）65250042　65289539